中國文化有長遠的歷史，博大而精深。
本書以多角度探討中國文化的定義和根源，
亦分享更多饒有趣味和鮮為人關注的題材。

這本書嘗試啟發讀者對中國歷史和文化的興趣，
讓中國文化得以傳承。

鄔鎮華

U0152378

自序

常言道：人生如戲，在現實的生活中，人生比戲還要精彩！相信沒有一位編劇家能寫出一齣劇本，構想出二零一九年香港竟然會發生一連串的社會暴亂事件；更不可能猜想到緊隨其後，全世界會發生百年難遇的世紀新冠疫症，打亂了許多香港人的生活節奏！從前步履匆匆，風塵僕僕，為生活、為工作而營營役役，突然間變得無所事事、悠哉遊哉、需要暫且放下工作，過一些平淡而悠悠閒閒的日子；閒來無事之際，正好一邊思考人生的意義，緬懷香港過去百年不平凡的經歷，由割讓與英國成為殖民地，到回歸中國成為特區，由一條小漁村發展到國際城市；國家從幾乎被列強瓜分到成為強國！另一邊將過去想讀而未讀、該看而未看的書籍、文獻、資料，重新整理和翻閱，發現了很多從前遺忘或誤解的道理，更發現一些有趣的歷史掌故，倒也在疫情之中，稍添一些生活情趣，豐富知識，獲益良多。

二零二零年中突然接到大師兄張舜堯博士的邀請，為他作為校監的兩所位處沙田區的小學教師發展日，作一個有關中國文化和國情的簡報，想到面對一群既有多年教學經驗的老師，當中更有些老師具備中文和歷史專科學歷，這個任務對一個唸工商管理，一直在商場上工作，對中文和中國歷史認識不深的門外漢，甚具挑戰！想到近日在空餘時間，閱讀了多本非常有意義和具啟發性的書籍，正好將一些讀書的心得與人分享，所

以毅然應允，接下這個既艱難又富考驗性的任務，嘗試以一個新的角度和客觀的思維方法，將中西方文化歷史加以對比，來了解中國文化和國情。

在準備簡報材料的過程中，豈知才感覺到中國文化的博大精深，時而驚歎中國文化特別是儒家思想對世界的深遠影響；轉眼又婉惜在新文化運動下，中國文化被輕視和貶低！這個細節趣味盎然而不能捨棄，那個段落重點所在又不可或缺，不斷沉醉在中國歷史的長河之中，最終在完成整份簡報材料後，方發現內容大幅超出預期的份量，原定四十分鐘的簡報，居然弄了接近五十頁的講義！在簡報當日，唯有在有限的時間內，蜻蜓點水般草率地完成整個簡報，試圖讓參與的老師囫圇吞棗地硬啃全部內容，尤幸，最終得到老師們的包容，沒有作出嚴厲的批評；但事後卻久久未能釋懷，每每想起有負所托，汗顏自責。

回想起簡報當日，黃仲基副校監提出一個寶貴的意見，認同中國文化深厚，豈能用短短的一個簡報可以完全涵蓋？況且，簡報的內容，每一個部分均可獨立成為一個題目討論，如果能將內容加以詳細解說，豈不是非常有趣！心裡頓時萌起一個想法，將該份簡報材料加以剪裁，不足之處，添加素材，有欠準確的地方，進行修改、查證，最後結集成書。得到妻子的鼓勵和幫助審閱校正下，前後花了接近六個月的時間，盡力去蕪存菁，最終得以完成本書！

中國歷史文化雜談一書，僅僅是個人對中國文化的尊崇下，把搜集到的材料進行整理，將過去曾經閱讀的書籍心得作出分

享，東拼西湊，不是嚴謹的學術研究，雖然已盡力考證，但奈何才疏學淺，孤陋寡聞，難免有錯誤不足之處，願意虛心接受批評指正，謹希望藉此書能引起讀者對中國歷史和文化的興趣，讓中國文化得以傳承。

鎮華序於港島半山

二零二一年五月

推薦序

蒙鎮華師弟所託為其新書《中國歷史文化雜談》寫序，百感交集。

2019 年的夏天在香港發生的社會運動事件，讓整個香港的教育界極度迷惑錯愕，一時間不明白香港的青少年為什麼會像著魔似的參與到這場運動中來？隨著事件的發展，越來越多的青少年人甚至否定自己是中國人的身份，這讓一眾從事教育的工作者情何以堪？不得不反思我們在青少年的國民身份認同方面為什麼會如斯失敗？

我自從十多年前受命於樹仁大學校監胡鴻烈博士接任了「香港青少年德育勵進會」主席一職後，開始了我對青少年德育方面的關注。

韓愈《原道》篇裏說：德者，足乎己無待於外之謂德。也就是說青少年的德育要做到他們可以有自己的判斷能力，自控能力和選擇正確道路的能力，這德育才能算是成功的。

「香港青少年德育勵進會」的前賢在三十多年前選擇了以辦學作為貢獻回饋香港社會的方法，尤其注重的是青少年的德育，故有其名。

小學是少年開始築建他們未來的道德標準的重要階段，小學時老師的一言一行皆是學生模仿學習的對象。故而小學老師的言行必須發自內心的堅定信仰，所謂有諸內必形諸外。

因此，在 2020 年，當社會事件的本質開始明朗化，明顯的看到整個事情是有外部勢力加上一些深埋在港多時的力量借機挑動香港的一些年青人對國家、民族、歷史、的一些誤解和未經調適的心態，進而利用年青人的熱情和衝動，攪動起一場反華事件，希望借用香港年青人對未來的憂慮，恐懼和不滿，對中國的發展作出逆襲牽絆。

有見及此，我在 2020 年中決定借用兩間胡素貞博士紀念學校的教師發展日與兩校一眾老師研討今後該如何發展兩胡的德育及國民教育，以期能教出有國家民族觀念，熱愛國家愛民族，熱愛我中華文化的學生。

會上一眾老師們都認同用有趣，生動的方法讓同學們認識中國文化，明白中國歷史，知道中華民族所經歷過的苦難是最有效能夠讓同學們自發的以中華民族，以中國人為榮的方法。當中包含了在不同的學科裡面加入國史，國學，國情等元素，讓同學們能在自己心中建構一個以中國人身份為榮的正向價值觀。

其中國學可以包含一些有正向價值觀的詩、詞、諺語；讓同學們欣賞美麗言詞的同時，亦欣賞到中國數千年文化積澱下來的智慧；國史可以包含一些中國引領全世界的光榮歷史時段，亦可包含中國曾經的苦難如被侵略，欺凌等歷史以激勵同學愛護自己國家和民族的愛國心；亦可以加入近代中國富強起來後的最新科技成就：如高鐵網、人工智能機械人、第五代互聯網、無人機、北斗衛星聯網、探測火星，又或如中國全面脫貧等近代

難能可貴的成就，讓同學們感到身為中國人的自豪。

　　2020 年的教師發展日的研討會，我邀請了鎮華師弟作為另一講者，參與研討會的引導工作。我倆不約而同的觀點吻合，更加強了我對這方面工作的信心。

　　更難能可貴的是鎮華師弟未有停步於此，研討會後更繼續以中國歷史文化作為切入點，修成了「中國歷史文化雜談」一書，從很多有趣的角度，帶引讀者深入淺出地去認識中國歷史文化，把一個本來可以是很枯燥的話題，生動化地引起大家的探究和興趣，從而在潤物無聲的情況下引起一眾在香港的中華兒女對中國歷史文化的探究。

　　本書特別適合一些對中國歷史文化有一點聽聞但又未能抽出時間精力作詳盡了解的人一讀，保證讀後能如沐春風，如飲甘露。

　　在此，祝賀鎮華師弟一紙風行，造福華夏子孫。

張舜堯

香港青少年德育勵進會主席

目錄

自序   2

推薦序   5

簡介   10

第一章：歷史文化的偏差   12

第二章：認識中國文化的方法   26

第三章：文化的定義和根源   45

第四章：中國人的思想精神   68

第五章：人倫關係   92

第六章：中國政治體制   105

第七章：中國和西方文化差異和衝突   133

第八章：總結   159

參考書目   164

作者簡介   168

簡介

　　受兩家學校的邀請，在教師發展日，跟所有老師分享中國文化和國情的心得，然而中國文化有長遠的歷史，博大而精深，而且在整理的過程之中，經過考證後，發現過去許多對中國文化的認識，均存有不同程度的偏差和誤解，所以毅然採用一個嶄新客觀而立體的思維方法，重新發掘和了解中國文化。先介紹西方在行為心理學中，一些有趣的直覺思維陷阱和認知偏差的原因；再提出認識中國文化時，應具有時間性、地域性和科學精神的考量，運用當時的角度和觀念來理解歷史和文化；比較中國和西方文化時，要考慮不同文化的差異，更要用客觀和科學的方法，來認識、判斷歷史和文化的事實和真義。

　　要了解中國文化，當然需要從中國文化的定義和根源開始探討，中國的地理因素創造了中國的單一性和農耕型的文化，構成了中國文化中「天人合一」、「心本主義」、「人倫道德」的三大特質，與西方多源性和海洋文化存在極大的差異；因此中國的文化具有四個層次，分別為修身、齊家、治國和平天下，演化出中國文化思想精神、人倫關係和政治體制。

在歷史的長河之中，中國文化多次與西方文化相遇和碰撞，曾經被西方崇拜學習，但也曾失去自信，險被拋棄及取代！憑著中國文化深厚的內涵和統一性，儘管在西方文化的激烈衝擊下，仍然繼續傳承延續下去。

　　撰寫本書時，雖然曾下了一番功夫認真考證，但畢竟本書不是一本嚴謹學術研究的書籍，只是在中國歷史文化的大題目下，尋找一些饒有趣味和鮮為人關注的題材作分享和探討。為了增加本書的閱讀性，書中涉獵了多種的素材，包括傳統的古籍，如尚書、論語等；也有章回小說、古典小說和現代武俠小說等；橫跨的歷史從堯舜、夏、商、周，到中華民國的建立和新文化運動，整整四千多年的時間。此外更打破了一般研究中國文化書籍的慣例，在本書中介紹了許多西方的歷史文化和各種各樣的西方書籍，美其名可以說是集中外文化的大全，倒不如自嘲為東拼西湊的大雜燴而已！如果把本書作為一本讀書心得的彙報，也無不可，所以本書取名為《中國歷史文化雜談》，就是在探討中國文化中，不拘一格的個人見解。

第一章

歷史文化的偏差

有沒有懷疑過自己是否真的了解中國歷史和文化嗎？

第一章
歷史文化的偏差

在日常生活中，從使用的語言文字、生活習慣、風俗節日、思想價值觀等等，都與中國歷史文化息息相關。相信許多人覺得自己或多或少對中國歷史、文化和國學有一定的了解；但有沒有懷疑過自己是否真的了解中國歷史和文化嗎？所了解或認識的中國歷史和文化都是真確和沒有偏差嗎？那如何才能真正客觀了解和認識中國歷史和文化？也許先從一段近代和無人不識而影響深遠的歷史「辛亥革命」開始去思考，是否存在對中國歷史和文化認識上有偏差。

▌「新」中國的開始 ▌

辛亥革命爆發於一九一一年，是中國歷史上的重要轉捩點。隨着武昌起義成功，其他省份紛紛響應，宣佈脫離清政府統治而「獨立」，最終不僅推翻滿清二百六十多年的統治，還結束了兩千多年皇帝統治的政治體制，並以共和體制的方式建立了中華民國，一個「新」的中國。

細心翻查武昌起義這段歷史，有許多細節真的值得細心思考，而且這段歷史的真相也許與很多人的理解存在差異！試想想為什麼首義發生在武昌，而不是在革命的根據地廣州？武昌起義時，孫中山先生身在美國，並沒有在中國親身領導是次起

義；連多次策劃和積極組織武裝起義的革命黨軍事領導黃興，也沒有參與在武昌起義之中。相反，武昌起義後，當時清廷陸二十一軍統領黎元洪卻被革命黨人強迫推舉為湖北都督！為什麼武昌起義好像在沒有周詳部署下發生？

孫中山先生曾經說過的一段話：「若沒有四川保路同志會的起義，武昌革命或者還要遲一年半載的。」也許說明了歷史的真相，武昌起義是間接由「四川保路運動」所引發。自十九世紀末，列強在中國紛紛開辦工廠和修築鐵路，以取得中國的經濟權，中國人此時也認識到鐵路的重要性，所以各地紳商百姓自主發起要求民辦修建鐵路。一九零四年應四川全省紳民的強烈要求下，清政府批准在成都設立中國第一家省級官辦鐵路公司「川漢鐵路總公司」。從民間籌集資金，股本來源包括認購股、官股、公利股和「抽租股」，其中抽租股佔的比例最大，超過股款總額四分之三之多，抽租股是強制性隨糧徵集，凡是四川納稅農戶皆被迫繳付股款，成為公司股東；一九零七年川漢鐵路總公司改為民辦，但公司仍然由官員管理。

自清政府同意並容許民辦鐵路後，在技術落後、管理不善和資金缺乏的情況下，多條民辦鐵路先後發生巨額虧損，竣工遙遙無期。一九一一年，盛宣懷出任郵傳部尚書後，認為中國技術水平低下，民間根本沒有自行修築鐵路的能力，加上西方列強不斷向清廷施壓，所以盛宣懷強行推動「鐵路幹線國有政策」，強收川漢、粵漢鐵路為「國有」；改借外債修築鐵路，以湖北、湖南境內的粵漢、川漢鐵路修築權和鐵路延長修築的

優先權作為抵押，並向英、法、德、美四國銀行團訂立總額六百萬英鎊借款合同。清政府收回各民辦鐵路時，發行國家股票贖回湖北、湖南、廣東的商股，因應虧損程度不同，各省商股贖回時的待遇並不相同，以湖北、湖南最優，廣東次之，儘管紳民雖有抗議，風潮很快平息。然而清政府在處理川漢鐵路公司從民間募集一千四百萬兩的股款時，其中約七百萬兩已用於建設，剩餘七百萬兩中的三百萬兩，被公司駐上海經理施典章，在上海橡皮股票風潮中投機虧空輸掉，清廷只同意發放大約四百萬兩價值的公利股作為贖回代價，概不負責承擔施典章虧空的三百萬兩損失，民眾在失去築路權後，集資款又不獲退還現款，只換發國家鐵路股票；而抽租股更因部分款項受虧空公款影響不獲發股，因而引發一九一一年六月聲勢浩大的「保路運動」，川漢鐵路股東代表聚集在成都成立保路同志會，僅半個月時間，保路同志會的會員數目就已經超過十萬人之眾，更在四川全省各地紛紛成立分會，保路同志會痛斥清廷出賣國家利益，要求立即終止鐵路國有政策，收回路權，但遭到清政府的拒絕，一九一一年八月，清政府更強行收回了川漢鐵路萬宜段，令四川紳民非常不滿，保路同志會提出以罷課、罷市和不納捐稅等方式迫使清政府讓步，反抗風潮迅速席捲全川各地。

　　新任四川總督趙爾豐面對激烈的群眾運動，採取了強硬的態度，積極搜捕保路同志會的領導人、查封鐵路公司和保路同志會，一連串的行動激發起民眾極大的憤怒。九月七日，數萬人在成都街上示威請願遊行，要求清政府立即釋放被捕人士。

趙爾豐下令衛兵當場向請願人群開槍射擊，造成群眾多人死傷，造成「成都血案」。慘案發生後，群眾對清政府的不滿加劇，成都附近十餘州縣以農民為主體的同志軍，四面圍攻省城。九月十日趙爾豐被免職，改由端方署理四川總督，並率大部分湖北士兵離開湖北，入川鎮壓叛亂，致使武漢防務非常空虛。

革命黨人見清政府在湖北的軍事力量薄弱，因此策劃在武昌和長沙伺機起義，原定在十月六日湖廣兩省同時發難，但因意外走漏風聲，令清政府察覺，有所防備，武昌城內戒備森嚴，並捕獲起義和新軍中的大量革命黨人，十月十日，清政府將其中數名革命黨人當眾斬首，激發起革命黨人報仇的決心，於當天傍晚在武昌城外發動起義，向武昌城內推進，得到城內部分新軍倒戈相向，雙方激烈戰鬥至凌晨後，起義軍成功佔領了總督督署和鎮司令部等重要機關，湖廣總督瑞澂和湖北軍隊提督張彪棄守武昌，最終起義軍控制了整個武昌。

武昌起義之前，孫中山先生領導的革命黨在各地曾經發動過百餘次的起義活動，但最終仍然失敗，而武昌起義卻能一舉成功，當然與「四川保路運動」有莫大關係，四川的保路運動牽制了大量清軍，導致湖廣總督瑞澂沒有足夠的新軍部隊可供調動，以鎮壓革命黨在武昌的起義。此外，過去多次起義參與人數均在數千人之內，而且僅限於革命黨人，讓清軍比較容易應付，但「四川保路運動」的參與者，不僅是藉機搞事的革命黨人，還包括支持政府的「立憲派」民眾，示威群眾數以萬計，聲勢浩大，令四川清軍無法應付，才從湖北借調大量軍力進川，

削弱湖北的軍力，致武昌起義成功。對抗清廷的革命黨人當然有崇高的理想，希望「驅逐韃虜，復興中華」，但現實是群眾的想法比較單純，清政府強行將民辦鐵路國有化，不僅把鐵路權抵押並向外國銀行貸款，而且以低價用官股贖回民間股權，加上有官員挪用鐵路建設公款投機虧空，直接損害民眾的個人利益，令原本支持政府或不支持革命的民眾也反抗清廷，所以造成清廷新軍中的部分士兵叛變，正正是這個原因，在武昌起義成功和控制了湖北及武漢三鎮的局面後，因緣際會成立中華民國軍政府鄂軍都督府，更在革命黨主骨幹領導缺席下，由士兵推舉了當時清廷新軍二十一混成協統領黎元洪為都督！原因很簡單，因為士兵怕被追究叛亂的責任，所以硬推當時的統領黎元洪為首領，黎元洪萬般無奈下勉強就任，但誰也想不到日後，黎元洪居然兩次擔任中華民國大總統！

細看這段歷史後，也許會發現跟許多人的認知和印象截然不同。武昌起義並非由革命黨精心策劃，竟然是由叛變的清廷新軍所主導，成功的背後原因是保路運動分散了湖北清軍的兵力，推動保路運動的卻是支持清政府的立憲派群眾，他們並沒有崇高的國家或革命理想，反而是因為個人的私利激發群眾反對清政府，正好顯示了真相與認知存在差異，這段歷史也反映了中國歷史和文化上出現的認知偏差。

中國歷史上綜合國力最強盛的朝代

再看一個例子，如果要評價在中國歷史上綜合國力最強盛

的朝代，究竟是唐朝、宋朝、元朝、明朝、清朝還是漢朝？相信很多人的答案都是漢朝或者是元朝，因為在印象中，這兩個朝代的軍事力量相當強大，而且中國在元朝時期的版圖最大；但如果有人說宋朝是中國歷朝中綜合國力最強，相信許多人也不會認同或者存有疑問，但從多個角度和以不同的指標來客觀衡量，宋朝的確是中國歷朝中綜合國力最強的朝代！

從朝代的國祚作為指標，不計算夏、商、周朝這三個朝代，因歷史久遠而且歷史學家對夏朝存在的事實，仍有爭議和質疑，北宋和南宋加起來，整個宋朝的國祚合共有三百一十九年，僅次於漢朝四百零五年排名第二，比唐朝的二百八十九年、元朝的一百六十一年、明朝的二百七十六年、清朝的二百六十七年還長；但嚴格上考慮，漢朝分成西漢和東漢，雖然東漢的開國皇帝劉秀推翻篡漢的王莽，重新以漢為國號，但劉秀與西漢皇室實際上沒有直接關係，劉秀僅僅算是漢景帝第六子長沙定王劉發後裔，不僅不是西漢正統宗室成員，自父親去世後，更降為平民，在年少時以務農為生，劉秀延續了「漢」的國號，是為了起事時以漢室後人名義，出師有名，實際上劉秀是完全可以另立國號。所以，如果將西漢與東漢分開計算，西漢三百一十年，東漢二百九十五年；因此宋朝的國祚為歷朝最長，雖然宋朝也分開南宋和北宋，但兩宋一脈相承，自然應該統一計算。

如果用人口作為指標，以總人口來計算，當然是清朝最多，在清朝人口最盛時已經增長到約四億，但同時間全世界人口一

直經歷增長，所以如果要客觀分析各朝代的人口狀況，應該與世界總人口作比較。根據歷史數據，宋朝在一千多年前，人口最盛時已經突破一億，比唐朝人口全盛時五千多萬人多，而宋朝的人口佔全世界人口約 40%，而清朝只佔比約 32%。事實上北宋的都城東京汴梁 (即現今的河南開封)，是當時世界上最大和最繁華的城市，大約有人口二百萬左右；當時歐洲最大的城市倫敦、巴黎、威尼斯等的總人口均不超過一萬人。唐朝鼎盛時期，人口超過十萬以上的城市有十七座，而北宋末年超過十萬人以上的城市竟然達到五十二座。因此，從人口的指標計算，宋朝名列第一。

從經濟的角度來衡量，相對比較複雜，今天的經濟水平當然比前人高，如果單以名義或平價國民生產總值來衡量，卻未必能全面反映真正的經濟和生活水準，因此需要使用多個因素作綜合考量。首先以人均國民生產總值作為指標，由於各朝代的人口在波動，而且沒有完整的統計，所以眾說紛紜，沒有一個統一的結論，但普遍上認同宋朝的人均國民生產總值在歷朝代之中，肯定排名在第一或者第二位。有專家認為宋朝高峰期人均國民生產總值約六百美元，與清朝的六百美元相約，比明朝的五百六十五美元和唐朝的四百九十七美元高；此外北宋的國民生產總值年增長率平均為 0.88%，也比明代和清代分別、0.25% 和 0.36% 高，有研究更認為如果以世界國民生產總值佔比作衡量，宋朝在歷朝代排名第一，在歷史上處於世界經濟最高水平！全盛時期，宋朝佔世界經濟總量約 40%，比清朝佔 35%

和唐朝的 32% 高；宋朝也是世界上最早出現紙幣的國家！所以整體而言，宋朝經濟成就，歷朝排名第一。

· 有人說宋朝是重文輕武，軍事上及國力上是一個積貧積弱的朝代，根本上無法與元朝或者漢朝相比。從另一個角度來看，宋朝自開國時，燕雲十六州已經在五代十國時期，被後晉開國皇帝石敬瑭割讓與遼國，燕雲十六州即今天的北京、天津、河北、山西等地，雖然宋太宗曾經兩次北伐，但均以失敗告終，往後更無力挑戰遼國，失去了這些地方，等同失去天然的屏障，中原的門戶大開，中原政權自然無險可守，難以對抗外族的軍事壓力；但實際上宋朝的軍事實力並不薄弱，在立國開始，宋朝已經非常重視軍隊和軍事力量，宋仁宗曾說：「養兵費財，國用十分，幾八分養兵」，宋朝的軍費開支一直佔整個財政收入的大部分，主要是因為宋朝實施了「募兵制」，即是職業化軍人制度，也是中國歷史上唯一一個長期堅持募兵制的王朝，宋朝的軍隊數量最高峰的時候，竟達到一百四十一萬人之多，而當時的總人口才約一億人。宋朝的軍備也相當先進，發明火藥並將火藥廣泛在軍事上應用，北宋期間政府已建立了火藥作坊，製造了以燃燒性能為主的武器如火藥箭、火炮等，和爆炸性較強的霹靂炮、震天雷等火器；南宋初期便出現了世界上最早的管型武器長竹竿火槍，後期還發明了能發射子窠的突火槍，相信這是世界上能發射子彈的步槍雛形。面對由成吉思汗建立的蒙古帝國，一個曾經是橫跨歐亞兩洲的全球帝國，最強盛時期疆域曾達到約三千四百五十萬平方公里，歷史上版圖最遼闊

的國家，也是歷史上最能征慣戰的民族，宋朝那有不敗之理，但與其他各國比較，蒙古征服西遼只用了一年，征服花刺子模用了一年半，征服羅斯聯盟(今俄羅斯)用了五年，征服波斯王朝用了八年，征服西夏用了十年，征服金朝用了二十二年，然而蒙古徹底打敗南宋竟然用了四十五年，可見宋朝的抗戰能力還是比較強的！

軟實力方面，宋朝的科技在歷朝之中佔優越的位置，中國古代四大發明中的活字印刷術和火藥均在宋朝發明，指南針的技術和應用，也是在宋代得到了大幅而明顯的改善，這三項發明對人類歷史文明影響深遠，在古代四大發明中，宋朝竟佔其中三項！文化方面，國學大師王國維在《宋元戲曲考》中曾認為：「凡一代有一代之文學，楚之騷，漢之賦，六代之駢語，唐之詩，宋之詞，元之曲，皆所謂一代之文學，而後世莫能繼焉者也。」而唐詩宋詞堪稱是中國古代文學的文化瑰寶，古文方面，自明朝開始尊崇唐宋八家為治古文之宗，唐宋八大家對後世中國古代文學影響深遠，八大家之中唐朝只有兩位，而宋朝卻有六位，所以宋朝的文化水準也算相當高。

從國祚、人口、經濟、軍事、文化等方面作為衡量的準則，宋朝為歷朝歷代中綜合國力最強的朝代實不為過。為什麼宋朝卻經常給人積弱的印象？也許因宋朝建立初期，宋太祖及宋太宗定下重文輕武的國策和後期經常與外族簽訂賠款、苟且、退讓等和約有關。如果因某一個方面的弱點掩蓋了宋朝的所有成就，明顯是犯上了直觀的偏差，歷史上遼國被金國和宋朝聯手

打敗滅亡，而金國又給宋朝聯合蒙古所滅；更有人認為遼和金之所以被打敗，背後的原因是宋朝的貨幣戰爭策略成功所致。宋朝與遼國簽訂了《澶淵之盟》，和金國也簽訂了相同的和議，雖然宋朝需要向遼、金每年繳交歲幣，在和議下卻開啟了兩國之間的自由貿易。宋朝文明程度較高，大量宋朝的產品賣到遼、金兩國，但遼、金能賣與宋朝的產品卻很少，最初以馬匹為主，後期害怕宋朝軍力強大，禁止出口馬匹，造成遼、金兩國嚴重的經常性貿易逆差，連本國的貨幣最後都被宋朝的貨幣所取代，結果國庫虛空，經濟被掏空，國家實力虛弱，最終亡國。所以歷史上對宋朝的評價的確存在不少認知上的偏差！

📚 新文化運動的衝擊 📚

　　自清朝末期，東西交流頻繁，經過鴉片戰爭、英法聯軍侵華、甲午戰爭和庚子事變後，中國人從民族的危機感，開始意識到西方科技先進，進而對傳統文化和政治制度，產生強烈懷疑。一九一五年由胡適、魯迅、陳獨秀、蔡元培等一批曾赴日本和歐美留學接受過西方思想教育的學者，發起推動新文化運動，開始時只是一場單純的語言文學革命，主要提倡以淺易的白話，取代晦澀難懂的文言文語文運動，逐步演變成為激烈的文化革命風暴，宣導將西方思想和體制取代中國傳統文化。號召擯棄傳統中國儒家思想和孔子的學說，改為以民主體制和科學理性來取代，中國文化受到嚴厲的衝擊，對中國文化的傳承造成了一定的打擊和傷害，進一步加深了對中國文化的偏見和

誤解。

　　新文化運動的成因，主要是當時中國雖然推翻清政府，成立民國政府，但仍然面臨內憂外患的境況，外國列強虎視眈眈，意圖瓜分中國，內部卻面對軍閥割據混戰，民不聊生的局面。部分在海外留學的學者目睹外國的社會狀況，認為外國的科技先進是基於民主政治體制和科學的精神，相反中國的落後，是因為中國文化特別是儒家封建思想中的道德、禮教、生活、政治等教義落後，阻礙了國家的建設和發展。新文化運動的推動者，更盲目癡迷地推崇西方的文明和文化，否定中國文化的價值，認為中國必須要徹底拋棄幾千年的傳統文化，文化上要全盤西化，才能救國。一九一五年，陳獨秀在其創辦的《青年雜誌》內（後改名為《新青年》），刊登了一篇文章《東西民族根本思想之差異》指責：「西洋民族性，惡侮辱，寧鬥死，東洋民族性，惡鬥死，寧忍辱。民族而具如斯卑劣無恥之根性，尚有何等顏面，高談禮教文明而不羞愧！」，胡適在一九二六年發表《我們對於西洋近代文明的態度》的一篇文章中，也批評「東西文化的一個根本不同之點。一邊是自暴自棄的不思不慮，一邊是繼續不斷的尋求真理。」中國文化被攻擊得體無完膚！

　　無可置疑，新文化運動的推動，帶有崇高的愛國情懷和民族主義，試圖通過文化運動改造中國，讓中國富強，其部分主張的確有利於中國文化的現代化，如推動白話文，替代文言文，有助在當時民智低下的情況下，以廣文化，普及教育；但倡議廢除漢字，認為漢字難識、難記、難寫，將漢字視為中國

所有的落後、封閉、野蠻的文化根源，卻值得斟酌。錢玄同在一九一八年《新青年》上發表《中國今後的文字問題》一文說：「廢孔學，不可不先廢漢文；欲驅除一般人之幼稚的、野蠻的、頑固的思想，尤不可不先廢漢文。」一九三六年五月，魯迅對上海《救亡情報》的記者說：「漢字不滅，中國必亡」，鼓吹廢除漢字，並以羅馬字或拉丁字母拼音取代漢字，卻難免過於偏頗激進。實際應用上，拼音文字並不適合在中國使用，因為中國語言存在太多的同音字和同音詞，舉例：「公子」和「工資」的這兩個字詞有著相同的拼音組合，但意思卻不同，所以單看拼音字，根本無法知道要表達的意思，在同音詞下只能用漢字來區分。有趣的是儘管魯迅大力批評漢字和推崇拼音字，他在一九二六年廈門大學教授中國文學史而編寫的講義《漢文學史綱要》，卻也曾發自內心的讚美過漢字：「漢字具有三美，意美以感心，一也；音美以感耳，二也；形美以感目，三也。」經過將近半個世紀推動的以拉丁字母拼音取代漢字的運動，最終在一九五八年通過《中文拼音方案》時被正式否定終止，周恩來總理明確指出：「《中文拼音方案》是用來為漢字注音和推廣普通話的，它並不是用來代替漢字的拼音文字。」自此拉丁字母僅作為漢字的輔助音標，漢字的書寫得以保存，放棄漢字拉丁化改革，避免了漢字所承載的中國傳統文化的意義毀於一旦。

　　孫中山先生認為來自民族的壓迫感促成新文化運動起源，但不贊成新文化運動下將中國傳統文化徹底否定，認為應該將

其繼承、改造。他在《三民主義之民族主義》中感慨的說：「講
到中國固有的道德，中國人至今不能忘記的，首是忠孝，次是
仁愛，其次是信義，其次是和平。這些舊道德，中國人至今還
是常講的。但是現在受外來民族的壓迫，侵入了新文化，那些
新文化的勢力，此刻橫行中國，一般醉心新文化的人，便排斥
舊道德。以為有了新文化，便可以不要舊道德，……所以中國
從前的忠孝仁愛信義種種的舊道德，固然是駕乎外國人，說到
和平的好道德，更是駕乎外國人。」令人概歎的是新文化運動，
雖然對推動中國文化現代化的確有重大貢獻，但在過程之中，
以追求西方思想文化，來否定中國文化，對傳統中國文化產生
極嚴重的傷害和負面影響，基於政治的考量，更妄將西方思想
和理論來解讀中國傳統文化，不單造成近代許多人對中國文化
的輕視和誤解，而且對中國文化產生認知上的偏差。

第二章

認識中國文化的方法

要避開了解中國歷史和文化中的直覺偏差和思維偏誤，需要運用立體思考方法，結合「時間」、「地域」和「科學精神」的考量，作客觀和多角度分析研究。

第二章
認識中國文化的方法

除歷史的原因導致對中國歷史和文化認識上存在偏差，許多知名學者和心理學家均指出，人類在思維上存在各種直覺陷阱和認知偏誤，也會造成在認識中國歷史和文化中產生誤解和主觀偏見，甚至貶低和抗拒中國文化。要正確了解和認識中國歷史和文化，必須要採取客觀科學的方法；在探討研究中國歷史和文化的方法之前，先了解什麼是直覺偏誤、認知偏差和思想錯誤。

▌▌ 直覺偏誤 ▐▌

漢斯·羅斯林（Hans Rosling）是一位瑞典公共衛生專家、教授，極具聲望。羅斯林和他的兒子奧拉·羅斯林（Ola Rosling）以及媳婦安娜羅斯林·倫隆德（Anna Rosling Rönnlund）共同創立了 Gapminder 基金會，該基金會開發了一個 Trendalyzer 軟體可將國際統計數據轉換成有趣味、活潑和具互動功能的圖表，從而促進可以自由流覽的公共統計數據的使用和理解，推動以事實為基礎的世界觀察。二零一八年，漢斯在臨終前編寫並由兒子和兒媳完成了一本關於直覺偏誤的書《真確：扭轉十大直覺偏誤，發現事情比你想的美好》。微軟創辦人比爾蓋茨極力推薦該書，並將此書送給全二零一八年美國畢

27

業的大學生作為禮物。

作為公共衛生專家，漢斯致力研究在亞洲及第三世界國家如非洲和拉丁美洲等地方的經濟發展、農業和貧窮與健康之間的關係，由於曾經擔任世界衛生組織、聯合國兒童基金會和其他援助機構的顧問，因此有機會接觸流覽許多公共衛生資料，並利用這些資料作研究和分析。自一九九零年開始，漢斯整理了一些有關世界健康、醫療、人口、生活水準等問題，去驗證人們對世界基本狀況的認知，結果讓漢斯感到驚訝，他發現許多人對世界狀況和觀感出現嚴重的誇大直覺和偏誤認知。多年來漢斯不斷做相似的問題調查，在二零一七年與民調公司合作，邀請全球十四個國家共一萬二千人填寫一份「留意認知落差測驗」（共十三題），填答者包含醫生、教授、銀行家、企業主管等，結果顯示，這些受過良好教育的人，在前十二題中，平均只有兩題答對（第十三題關於全球暖化的議題，大部分的人都會答對），漢斯形容專家答對的比率比讓黑猩猩隨機亂猜的答對率（33%）還低！

漢斯解釋人們會發生認知上錯誤的原因，可追溯到遠古時期，原始人類以狩獵為生，經常遇到突發的危險，因此在無法太多思考下，需要迅速跳到結論，而這些直覺在以前能有助躲避猝然來襲的危急情況。人腦經過數百萬年的演化後，依賴直覺的判斷方法不僅沒有消失，反而產生各種根深柢固的直覺思維。此外，在過去通過交談和聊天討論，是接收有用資訊與新資訊的唯一途徑，所以人們需要而且喜歡八卦閒扯，喜歡聽到

或者說出誇大的故事，結果出現種種的誇大偏誤。儘管過去這些直覺非常有用，但現今的世界與過去完全不同，人類的大腦仍然傾向快速下結論，渴求得到誇大的故事，所以形成誇大的直覺觀念和認知偏差。

漢斯認為人們當然無法也不可能將所有接收到的資訊進行理性的分析而作出決定，仍然需要直覺來了解世界和日常的生活，但也需要學習如何避免被誇大的資訊誤導，從而了解真確的世界！漢斯歸納出人們常用的十種錯誤思維模式，其中包括：二分化直覺偏誤、直線型真覺偏誤、宿命型直覺偏誤、怪罪型直覺偏誤、負面型直覺偏誤、恐懼型直覺偏誤、概括型直覺偏誤、失真型直覺偏誤、單一觀點直覺偏誤、急迫型直覺偏誤。舉例在二分化直覺偏誤影響下，人們容易將事情分成截然不同的兩大類，如對與錯、富與窮。這樣的分類既簡單、直觀，同時暗示著對立，容易引起人們的注意與共鳴，卻也導致人們誤解世界真正的樣子，世界不一定應該分成兩部分，可能分成三部分或者分成四部分更能準確表達真實的情況。要避免思考時陷入直覺偏誤，就需要培養求真的習慣，學會如何使用有效的邏輯思維來解讀數據，如何在各種陌生環境和突發狀況中做正確的決定，儘量遠離偏誤，細究事實，探討背後原因，不急著做決定。

📚 快思慢想 📚

　　丹尼爾‧康納曼（Daniel Kahneman），是以色列裔美國心理學家，受行為經濟學之父理察‧塞勒（Richard Thaler）的啟發，改為研究行為經濟學，主力研究認知偏誤（Cognitive Bias），即是有特定模式的判斷偏差。認知偏誤主要是指人們受心中自身既定的理論，甚至理念影響，抗拒從客觀的角度去接受各種不同的資訊，反而努力去尋找支持自己理論的證明，而當遇到與自己理論違背的任何言論時，則將其視之為沒有科學證據、深度不足、不可相信的謬論，從而輕視或捨棄那些不合意的證據。

　　丹尼爾於二零零二年因對展望理論的貢獻，榮獲諾貝爾經濟學獎。展望理論是行為經濟學的其中一個理論，認為人在不確定條件下的決策選擇，取決於回報與預期，即展望的差異，而不僅是回報本身。因此在做決策時，會在心裡設定一個指標，然後衡量每個決策的回報與這個指標的差別有多大。當預期能得到的回報多於預期的結果，多數人會審慎地考慮這個決策所帶來的風險，以免失去預期的回報；相反，有一個相對風險較低和較安全的決策，但得到的回報稍低，那多數人會寧可冒較大風險，以獲取預期的回報。

　　二零一一年丹尼爾出版《快思慢想》一書，總結了多年來對行為經濟學的研究，該書延續了心理學家奇思‧史坦諾維宵（Keith Stanovich）和李察‧魏斯特（Richard West）的分類法，

將人類的思維歸納為兩種思考模式：系統一：快速、情緒化、反射性的直覺思考；系統二：較慢、較系統性和具邏輯分析的理性思考。

丹尼爾在書中提出了「快思」與「慢想」兩個思考系統，「快思」就是系統一：採用直覺式思考方法，依據過去的經驗，由大腦在短時間內作出反應和判斷；「慢想」就是系統二：通過邏輯方法作出思考，對需要做決定的事情仔細推測其前因與後果，因此需要較長的時間來作出合理的邏輯推論，從而作出判斷。兩種思考系統均存在於人的大腦中運作，各有其優點和缺點，「快思」可以在短期內做出反應，在應對危機或者需要快速下判斷作決定時，「快思」比較理想，但缺點是快速的判斷沒有經過仔細的思考，所以很大機會忽略隱藏在背後的細節或陷阱，並出現思維偏差；「慢想」是邏輯性思考方法，重視分析，考慮每件事的細節、合理性和因果關係，但缺點是需要較長時間和充分的資訊作研究後，才能做出判斷和決定。所以在面對日常的事情，一般會自動採用系統一：「快思」來做決定和判斷；在特殊情況或者是系統一無法作出決定和判斷下，才啟動系統二：「慢想」來處理和做決定。

一般情況下，大腦應該會非常有效率地來分配系統一和系統二的工作，以減省大腦的思維工作量，提高判斷的效能，但在現實生活中，系統一和系統二的應用上卻經常出現偏差，大部分人自以為自己是經過嚴謹和理性思考後才會做出判斷，即是採用系統二來運作思考，但丹尼爾在《快思慢想》書中指出

實際上經常是系統一在運作思考；儘管系統二有最終的決定權，因為系統一耗費思考精力少、速度快和省事，很自動會通過系統一將過去的經驗和印象用來作解釋，讓系統二輕鬆地採納了系統一的建議來作判斷和決定。雖然系統一所作的判斷基本上是對的，但正正是它的直覺反應快，不經過理性的思考，所以容易產生偏見和思維錯誤，很容易讓人將複雜的問題作簡單化處理，更嚴重的問題是系統一是不能被關閉的，系統一的直覺式快捷思維，就成為了人們決策和行為的真正主宰，丹尼爾認為這個就是快思偏誤；並列舉分析受系統一的影響下所導致的各種非理性行為與認知偏差，其中包括：

「捷徑替代」： 面對一個相對困難的問題而無法馬上得到滿意的答案時，系統一會自動尋找一個比較容易的相關問題作為替代，然後回答這個比較容易的問題。

「錨定效應」： 進行決策時，會過度偏重依賴以往獲得的資訊，作為錨點，來對其需要思考的問題作出分析，然後快速做決定。儘管該錨點與決策的事情無關，但仍然會利用該錨點參考作決定，而且容易受該錨點的影響而偏向於該錨點。

「框架效應」： 面對客觀上相同的問題，以不同的方法來描述，人們會選擇聽起來比較有利於自己的描述作為方案，而較少選擇聽起來比較負面的描述作為方案，人們對於「損失」的重視要比同等的「收

益」大得多。

「光環效應」： 獲得資訊的順序會影響判斷和決策，人們受第一印象的影響來作出推論，不再會考慮後續取得的新訊息，或者會先入為主，以第一印象作為全部的解釋。

「小數原則」： 人們會根據很少的證據，通常就只根據眼前的證據來做出判斷，受系統一自動化下結論的特性，會讓人們相信一些小數樣本足以說明事實。而且大部分時候，系統一還會為這些小樣本編造故事和因果關係，自行將這一些小樣本所帶出來的極端結果合理化。

「促發效應」： 當人們需要作判斷時，受系統一影響自動會不自覺地通過感知將接收的一些資訊關連起來，就像池塘的漣漪一樣，促發效應是從一個小部分開始擴散擴大聯結起未曾意識到的事件的發生。

「稟賦效應」： 是指當人們一旦擁有某項物品，會對該物品價值的評價比未擁有之前大大增加，因此人們在決策過程中對利害的權衡是不均衡的，對「避免損失」的考慮，遠大於對「趨向獲利」的考慮。

綜合而言，丹尼爾認為基於快思偏誤，人們經常犯下思想錯誤，傾向於為複雜的問題尋找簡單的答案，傾向做容易作出

的決定，而不是最佳的決定，往往對自己的決斷過於自信，容易把熟悉當清晰，容易有種「客觀的錯覺」，以為自己所見之事，皆反映現實。

丹尼爾提出三個有趣的方法去克服各種的認知偏見：第一個方法是「飲水機閒談」；丹尼爾認為單靠自己是很難意識到認知的偏見，所以最好的方法就是多聽聽別人不同的意見，藉此反思自己的認知，像人們經常在飲水機旁取水時與別人天南地北地閒談的時候，自然接收到不同的資訊和意見，所以在飲水機旁以休閒的方法與別人閒談與決定有關係的事情，可能會得到許多客觀和意想不到的觀點，糾正認知偏見。第二個方法是「事前驗屍」；在做決策的時候，先作最壞的打算，假設一切都按部就班的進行，但最終結果可能依然失敗，那分析一下可能導致失敗原因是什麼，從而希望藉此啟發到是否犯上認知的偏見。第三個方法是「參考同類型事情再做預測」；需要做決策的時候，可以參考同類型的事情，了解別人怎樣做的決定，成功機會多大，會碰到什麼難題，避免過度樂觀。

在認識了解中國歷史和文化時，經常犯上漢斯和丹尼爾所提出的直覺偏誤和思維陷阱，喜歡將歷史分對與錯，將歷史人物分成忠和奸，這就是漢斯所說的犯上二分直覺偏誤；容易將道聽塗說的傳聞和小說上的內容當成是歷史的真相，這個就是丹尼爾所提出的快思偏誤，三國時代這段歷史，就是一個很好的佐證，說明許多人因受三國演義和後世學者的影響，對這段歷史出現嚴重的思維偏誤。

認識三國

三國時代，開始於自公元一八四年，張角三兄弟策動黃巾之亂，到公元二八零年吳國孫皓投降，西晉統一天下，進入晉朝終結，歷時雖然僅僅約一百年，卻是其中一段最為人所熟悉的歷史，也是一段非常精彩的歷史，當中的人物更是家喻戶曉，如曹操的一代奸雄，劉備的忠義皇叔，諸葛亮的睿智軍師等等，還有一件件為人耳熟能詳的事蹟，如草船借箭、三顧茅廬、桃園結義、赤壁之戰等，到今天仍然為人津津樂道。

細讀陳壽所寫的《三國志》，卻會發現許多人對真實的三國歷史存在誤解和偏見。陳壽原是蜀國人，當蜀國滅亡後，被徵召到洛陽擔任晉朝著作郎的官職，受命整理當時各國保存下來的史實，耗費十年時間，撰寫完成《三國志》，完整地敘述了自東漢末年至晉初接近一百年間，中國由三國分裂走向統一的這段歷史，因此《三國志》是正史。而且《三國志》成書於三國結束後晉朝初期，所以《三國志》內的資料非常可靠準確，被歸納為中國古代各朝撰寫的二十四部正統史書的《二十四史》之中。

一直以來曹操被評為一代奸雄，既奸詐又陰險，名為漢臣，實為漢賊；相反，劉備以仁義著稱。然而正史上對曹操和劉備的評論，卻有頗大的差異。東漢時著名的人物評論家許劭，應曹操的要求，把曹操評為：「治世之能臣，亂世之奸雄」；陳壽在《三國志·武帝紀》，更將曹操評為「抑可謂非常之人，

超世之傑矣」，可見對曹操的評價非常正面！事實上曹操自起兵討伐董卓開始，先打敗黑山義軍十餘萬眾，繼而大破黃巾軍，受降黃巾餘眾三十餘萬人，伐袁術、征陶謙、戰呂布，後討袁紹、北征烏桓後，完成統一北方的戰爭，但曹操並沒有稱帝，反而將漢獻帝劉協迎回都城許縣，跟隨謀士毛玠的建議：「奉天子以令不臣」，每天遵漢例向漢獻帝行使禮節，終其一生，曹操雖立為魏王，卻沒有篡漢自立稱帝。而「挾天子而令諸侯」是由袁紹的謀士沮授所提議的，並非曹操。兩者的差別在於曹操仍然奉漢室天子為正統，維持漢朝的延續。

儘管陳壽作為蜀國遺臣，在《三國志》中對劉備評價卻有所保留，在《先主傳》中雖然評論劉備知人下士，為人寬厚：「先主之弘毅寬厚，知人待士，蓋有高祖之風，英雄之器焉。」但才幹上卻輸曹操：「機權幹略，不逮魏武，是以基宇亦狹。」而陳壽在《三國志》其他傳記中卻把劉備評為梟雄，《三國志．周瑜傳》記：「備詣京見權，瑜上疏曰：劉備以梟雄之姿，而有關羽、張飛熊虎之將，必非久屈為人用者。」在《三國志．魯肅傳》中記述：「劉備天下梟雄，與操有隙，寄寓於表，」周瑜和魯肅均是吳國人，與劉備有過交往，其中周瑜反對與蜀國合作，而魯肅則持相反意見，傾向連蜀抗魏，但二人同樣將劉備評為梟雄，相信這評論比較中肯和準確。梟雄的意思是驍悍雄傑之人，多指強橫而有野心之人，因此劉備被評為梟雄也說明並非善類。歷史上，劉備也多次表現出其梟雄的本色，據《三國志．先主傳》中記載，當曹操南征荊州之時，劉備倉惶

出逃，仍帶上輜重數千輛和十餘萬荊州老百姓，但在危急時卻「棄妻子，與諸葛亮、張飛、趙雲等數十騎走，曹公大獲其人眾輜重。」棄下十餘萬荊州老百姓不顧，試問劉備的仁德何在？赤壁之戰後，劉備佔了荊州四郡，「孫權以先主已得益州，使使報欲得荊州。先主言：須得涼州，當以荊州相與。」拒絕將荊州相還，可見劉備的信譽也不太好。劉備取得益州的手法也值得商榷，劉璋厚禮邀請劉備來共抗曹操，劉備先向劉璋索取錢財和兵力，但卻用劉璋的錢財來收買人心，後更斬殺劉璋的大將楊懷奪取益州，明顯得來有些卑鄙。

　　正史上曹操與劉備的形象與現今許多人印象中的形象不同，其中原因可能受羅貫中所寫《三國演義》這部章回小說所影響。《三國演義》的文學價值非常高，人物被塑造得栩栩如生，情節也十分精彩，因此《三國演義》非常受歡迎，所以小說中描述的內容更容易為人所熟悉，深入讀者的腦海之中，反而忽略了正史的史實。然而《三國志》與《三國演義》對曹操與劉備兩個歷史人物的評價，卻存在重大差異，也許正好反映出認知偏見的問題。應用漢斯提出的二分化直覺偏誤的概念，人們很容易將事情分成截然不同的兩大類，很自然地將歷史人物分成忠與奸兩派，並將人、事、物造成對立，更添可觀性，因此曹操逐步被貶低為奸雄，而劉備卻被推崇為忠良和漢室正統。此外自東晉南北朝開始，中國分裂而北方為外族長期佔領，與南方的漢人政權對峙，原居住在中原地區的漢人被逼流離遷徙到南方，南方人當然對北魏政權心存不滿，把曹操作為異類加

以貶低，加上東吳本土長時間存在反曹思想，導致貶抑曹操成為主流思想；宋朝時期更甚，自立國開始已經受到北方外族遼和金的威脅，自然對北魏的曹操心生怨恨，貶斥曹操從而希望獲得心理上的安慰，明顯的犯上怪罪型直覺偏誤；另一方面劉備被視為代表忠義的光環效應下，順理成章把所有的好事放在劉備身上，將所有壞事卻推往曹操身上。南朝時期，劉義慶所編纂的筆記小說《世說新語》中有一則故事，描述曹操為了避免被人暗害，對屬下說自己好夢中殺人，之後，為了證明此事，特意殺了一個跟隨自己多年的僕人，但《世說新語》成書於三國之後約二百多年，這個故事在正史上完全沒有提及，所以真假存疑。《三國演義》中寫到曹操因刺殺董卓未遂，在逃亡中，投靠其父結拜兄弟呂伯奢借宿，後因誤會而錯殺呂伯奢一家八口，並說出：「寧叫我負天下人，休教天下人負我。」這經典句語，正史中雖然也記有此事，但《魏書》、《魏晉世語》、《異同雜記》等的記載，卻與《三國演義》不盡相同，《魏書》記載：「從數騎過故人成皋呂伯奢；伯奢不在，其子與賓客共劫太祖，取馬及物，太祖手刃擊殺數人。」曹操殺呂伯奢一家是因為呂伯奢的家人，想要抓住和洗劫曹操，所以曹操才出於自衛殺人。《異同雜記》記載：「聞其食器聲，以為圖己，遂夜殺之。既而悽愴曰：寧我負人，毋人負我！」說明曹操殺呂伯奢一家是出於誤會，事後曹操也悲痛自責，給自己辯解而說出這句話，但明顯並非如《三國演義》所描述的奸惡殘忍本色。

　　相反，後世將劉備抬高成為漢帝的皇叔，以顯示其宗室正

統地位。據《三國志‧先主傳》中記載：「先主姓劉，諱備，字玄德，涿郡涿縣人，漢景帝子中山靖王勝之後也。」這說明了劉備自稱是漢室後人，但正史卻從來沒有提到劉備是當朝漢獻帝的皇叔，只有在《三國演義》中將劉備說成是漢獻帝的叔叔。如果按照《三國演義》記載的輩分排序，劉備是漢高祖的十九世孫，而漢獻帝劉協卻是漢高祖的十六世孫，論資排輩，劉備應該是劉協的玄孫，不可能讓漢獻帝稱劉備為皇叔，況且劉備僅僅自稱為中山靖王之後，是否真確，仍然存疑！儘管劉備真是漢室後裔，與漢獻帝或漢高祖劉邦有血緣關係，但到了這一代已經變得非常疏遠了，安排劉備作為皇叔這個身份，卻明顯強化了劉備漢室正統的身份，從而與曹操作為奸雄的形象有鮮明的對比。

雖然正史《三國志》有清晰記載三國時期的歷史，但人們寧可不假思索相信《三國演義》中的內容是真實歷史，正好符合漢斯所提出的概念，人們喜歡八卦閒扯，喜歡聽到誇大的故事，所以不會尋找正史中的事實，因為正史的內容平凡而乏味，相反小說內容誇張，忠奸分明，產生直覺觀念和認知偏差。當然，除非是學者或者特別研究三國這段歷史，否則不會深究歷史的事實，正正是丹尼爾理論中大部分人均僅僅會利用系統一，快速、情緒化、反射性的直覺思考方式去認識這段歷史。從三國這段歷史的認知偏差可見，究竟還有多少中國歷史和文化出現認知上的偏誤？這個問題真的是值得深入探究！

立體思考方法

　　社會的變遷，時間的洗禮，文化一點一滴的在調整、適應和變動，要避開直覺偏誤的思維陷阱，客觀研究中國歷史、文化和國情不是一件容易的事。借用丹尼爾的理論，需要採用系統二，即是一個較慢、較系統性和具邏輯分析的理性思考方法，才能真確了解和認識，立體思考方法也許是一個研究中國歷史和文化的合適方法。立體思考方法是採用多維整合的思考方法，主要分成三個維度：「時間」、「地域」和「客觀科學」，通過這三方面的思考結合來重新認識和了解真正的中國文化。

　　「時間」是一個重要的考量因素，用現代的思維方法，去解讀過去或者古代的思想是經常發生的通病，容易出現誤解。舉一個簡單的例子，有人估計《水滸傳》中英雄好漢在酒店中用餐，點得最多的應該是牛肉，而且一個人就能吃上一、兩斤熟牛肉。按二零一八年的統計，美國消費者人均肉類消耗量每年約三百公斤，大約每天能吃三百克的肉，而宋代時一斤與現今重量相約，同為大約等於六百克，那古代描述一個人一頓飯吃上一到兩斤牛肉是否過分誇張？以現代人的慣例是一日三餐，但從東周到隋唐，中國人一直延續一個習慣，每天只吃兩頓飯，一頓早飯，一頓晚飯，一直到宋朝才在貴族和富商之間，開始有吃午餐的習慣，但宋朝一般老百姓每天仍然只吃兩頓飯，加上宋代是農業社會，體力勞動下體能消耗量大，所以一頓飯吃上一、兩斤牛肉不足為奇。順道一提的是在古代，自秦漢時期，國家已經嚴令禁止屠宰耕牛和吃牛肉的。《宋刑統》明確有「諸

故殺官私牛者，徒一年半。」因為在農耕社會中，耕牛被視為輔助耕作的資產，地位尊崇，所以官府是不容許私下宰殺和食用的，當然私宰牛肉在民間仍然非常普遍，小說描述英雄好漢要求吃牛肉大抵也有明知故犯，顯示出其叛逆的態度有關。因此要了解歷史，就需要從當時的角度來思考，不能用今天的思維方法來判斷；否則容易產生偏差。此外歷史有承先啟後的延續性，今天的成功是建基於昨天的經驗和失敗，所以在研究文化和歷史時必須考慮時間的差異性和先後性。

另外一個重要考量的因素是「地域」，每個地方、每個社會的文化形成和發展均有其獨特性，所以出現地域上的文化差異，儘管概念上、制度上和詞語上或許相似，但可能存在根本性的差別，就以封建制度作為例子，中國和西方古代均曾經出現過封建制度，但本質上卻有很大的區別。封建制度就是最高統治者將部分政治權力和經濟權力，分封給個別領主的一種制度。中國的封建制度起源很早，萌芽於部落時代，各部落相互競爭下，推選強者為共主，每個部落仍然保持自己族群，形成類似於「分封」的形式。直至周朝打敗商湯開始，實行兩次封建，主要為了安撫殷商遺民、藉分封擴展勢力和分封親屬與功臣作為王室的屏藩以鞏固周朝的統治，周朝合共分封了七十一國，姓姬的諸侯佔了其中的五十三個，及後周天子的威望日降，王命不行，諸侯崛起，霸政開始，最終諸侯乘勢而起，封建制度名存實亡，直至秦滅六國之後，廢封建，置郡縣，建立了中央集權的君主統治制度。西漢推翻秦朝後，建立之初，漢高帝

劉邦把七個協助他對抗項羽的功臣封為異姓王，是為中國第二次進行封建制度，但其後諸侯王勢力日盛，逐漸變得驕橫跋扈，漢景帝實行削藩，致使吳、楚等七國叛亂，平亂後雖仍設諸侯，但僅能食俸祿而不再有實權和軍權。漢武帝更採納朝臣主父偃推恩令的建議，將以前各諸侯所管轄的區域僅由長子繼承，改為由長子、次子、三子共同繼承，實行這項推恩令後，諸侯國被越分越小，最終解決了封建存在的問題，自漢以後，基本上中國再沒有建立封建體制。

西方的封建制度形成於第五世紀，當時蠻族法蘭克（日爾曼人）族多部落分頭從中歐和北歐進入攻陷西羅馬帝國，各佔一片地方自立為王，並對貴族和部屬開始分封，形成封建制度，在十一世紀開始定型並普遍存在於整個歐洲直至十七、十八世紀，歐洲的封建制度是建基於武力，各部落主即領主為了鞏固自己的勢力，以分封形式將部分土地封于貴族成為附庸，貴族再將土地進行各級分封直到騎士，由貴族直至騎士，都是自治，不用向領主納稅，領主也各有封地，領主與附庸貴族以契約關係存在，領主保護附庸，附庸向領主效忠並提供軍事服務，以此維護領主的主權。

將兩者作比較，中國的封建制度，是以皇權為核心的國家政權形態，君主制度下，為權力一元化。西方的封建是以權力契約關係存在，屬權力多元化，國王只不過是貴族中的一員，與其他貴族相比，沒有多少特權。儘管中國和西方皆有封建制度，但兩者卻並不相同，因此在研究和了解中國歷史和文化時，

應該嘗試將中國和外國作比較，才能了解其特色和產生的原因。比較中西方的文化和國情時，卻必須從其本意和內涵去了解，不能斷章取義。此外必須明白文化和歷史是有其獨特性，切記謹慎不能將文化和國情分是和非，因為文化和國情是沒有好與壞之分，只有存在文化的差異。

　　第三個因素就是「客觀科學」方法的應用。傳統上，研究中國歷史和文化，均普遍採用定性分析方法，即通過蒐集翻查資料、比對文獻、書籍，將錯綜複雜的資料加以整理考證和注釋，以嚴謹和系統化的方法，去分析前因後果及真實性，再對相關資料作客觀批判、鑑定與解釋，從而得出結論。無可否認，面對人文科學如歷史和文化等範疇，定性分析方法是最合理和系統性的方法去進行研究和分析，但要克服認知偏差的問題，卻需要更客觀和科學的方法去了解和分析，從不同的角度包括地理、氣候、社會、政治、經濟等方面，作數據上的比對和分析，才能探究和了解歷史和文化的真實面貌。舉例說，自明朝開始沿用至清朝末年以八股文體作為科舉考試制度，八股文是指文體必須分為破題、承題、起講、入手、起股、中股、後股、束股等八個部分。考試的題目僅出自《四書》和《五經》，而且要求考生揣摩古人語氣，模擬聖賢詮釋經書義理，只能據題立論，不得自由發揮。因此一直被人詬病束縛考生的思想，文章千篇一律，內容空洞，不能經世致用，明末清初思想家顧炎武曾在《日知錄》中批評八股文為「八股之害等於焚書」。然而科舉考試制度自公元五百八十七年隋文帝正式設立後，一直延續到一九

零五年清朝末年，維持了一千三百多年歷史；但自明朝開始改變宋朝以經義取士的制度轉而開創採納八股文體，自有其原因，從科舉制度的考生數據統計也許能看出原因。據考證，宋朝的考生人數平均約為十萬人左右，到明朝時已增加到約三十五萬人，而清朝更增加到平均五十萬人，兩宋合共三百一十九年間考取進士達九萬八千多名，明朝二百七十七年取進士兩萬四千多人，清朝二百六十七年間考得進士的約為二萬六千人。以取錄人數計算，兩宋共舉行一百三十榜，平均每榜八百四十多人；明朝開科考試八十八榜，平均每榜約為二百八十多人；清朝開科考試一百一十二榜，平均每榜二百四十多人。應考人數與考取人數的比率，宋朝為每一千考生有八人考取功名，明朝為每一萬考生有八人考取功名；清朝更少，每一萬考生僅有五個人能考取。從數據上可見，如果不採用標準化的考試制度，如何能從全國龐大的考生中公平挑選合適的人才？清初，康熙皇帝和乾隆皇帝曾考慮廢止八股文考試，但因沒有人能提出替代八股文科舉制度的方法而作罷。所以，結合了數據資料作量化分析，才會更客觀和更準確了解事實。

　　儘管採用立體思考方法，未必能完全解決在研究和了解中國歷史和文化中產生的直覺偏差和思維偏誤，畢竟中國已經有四千多年的歷史，中間經過不同朝代的更替，讓歷史和文化變得模糊或者失實，但運用立體思考方法，能從一個客觀和不同的角度來看中國歷史和文化，也許會從中找到許多新的發現和新的認識。

第三章

文化的定義和根源

中國文化和西方文化被認為是世界上比較完整的兩大不同文化體系，將西方文化與中國文化作比較，有助更深入了解中國歷史文化的特性。

第三章
文化的定義和根源

　　認識中國文化之前，需要先了解什麼是文化，相信大部分人均認同文化是一個社會或一個民族經過歷史的沉澱和結晶，長期積累形成的生活模式、社會制度、價值觀和思想導向等；受歷史、地理和生態環境因素影響，不同民族和社會發展下來形成了不同的文化，世界上既有中國文化，也有埃及文化、西方文化、印度文化等。然而埃及文化早在二千多年前，已幾乎被異族文明所同化和徹底取代，連古埃及自創的象形文字也漸漸被遺忘後，埃及文化無法被有系統的保存下來。印度雖然和中國相似，有悠長的歷史，也被認同為世界上最早的古文明之一，中國自秦朝開始國家已經統一，雖然中間或有分裂的時間，但統一的時間還是比較分裂的時間多，所以中國文化中間並沒有中斷過，一直傳承，而且相對完整統一。反觀印度，自公元前三世紀，阿育王死後，統一印度的孔雀王朝逐步走向衰敗，印度進入了一個長期分裂的列國時代，民族和種族繁多，並非是一個單一民族及文化的國家，各族均擁有自己的語言和文字，生活習慣和風俗也因應地區不同會呈現出不同的形式，加上在公元八世紀曾經遭阿拉伯人入侵，帶來了伊斯蘭文化，十六世紀歐洲殖民主義又開始進入印度，更在十八世紀全面被英國統治，基督文化進入印度，所以普遍認為印度文化是多種族、多

樣性，是自身和外來文化糅合而成的多元性文化。總括而言，埃及文化和印度文化基於各種因素，難以與中國文化作合適的比較。西方文化雖然也因應時代的變更而有轉變，但以希伯來文化為骨幹的基督教文化和羅馬法治文化一直主導影響西方，因此中國文化和西方文化被認為是世界上比較完整的兩大不同文化體系，將西方文化與中國文化作比較，有助更深入了解中國歷史文化的特性。

文化的定義

根據雷蒙·威廉斯（Raymond Henry Williams）於一九七六年出版的《關鍵字：文化與社會的詞彙》一書中對英文文化 culture 這個詞語的資料整理，認為這個詞語的來源有兩個：第一、它與拉丁文裡的 cultura 相近，而這個詞語拉丁文最早的拼法是 colere，即是定居的意思，從拉丁文 colonus（聚居地）衍生出來；另一個相近的詞語是拉丁文的 cultus（禮拜），有種植、保護、敬拜的意思，拉丁文在古法語中 cultus 的詞形是 courture 與 culture，並在十五世紀初成為英文詞，其基本意思是照料農事，對自然生長的呵護。第二、拉丁文中的 culter，在古英語中也寫作 culter，英語中的 coulter 是指犁頭，十六世紀初期，已經從「犁頭」引申到耕種、看護植物的生長，並在十七世紀初期開始改寫為 culture，最後英文中「文化」這個詞語的兩個來源從詞形與詞義合二為一，到十八到十九世紀逐漸將文化這個詞語由培養植物借喻擴展到形容「人類發展的歷

程」；古羅馬時，哲學家馬庫斯‧圖利烏斯‧西塞羅（Marcus Tullius Cicero）在《圖斯庫盧姆辯論》書中也曾經使用拉丁文「cultura animi」以農業來藉喻哲學上「靈魂的培養」，意指人類克服野蠻行為，成為完全公民化或文明的方式。

然而西方文化的具體觀念，是德國人在十八世紀時提倡並傳遍整個歐洲。自十七世紀開始，緊接歐洲文藝復興運動後，資產階級發展壯大，科學技術的發展，加上宗教改革的逼切性，引發啟蒙運動自英國、法國開展蔓延整個歐洲，號召以理性的陽光驅散現實的黑暗，批判封建專制主義、教權主義，追求政治民主、權利平等和個人自由等理想。當時法國國勢強盛，文化興盛，成為歐洲各國追捧的強勢文化，因此德國仿效法國之風極為盛行，整個社會無不熱衷於法國的生活方式和文化，從說法語、吃法國菜、穿法國服飾、模仿興建法國建築物等等，連普魯士國王腓特烈二世（Friedrich II）也竭力追求和模仿法國文化。雖然這股學法風潮讓德國文化和思想界出現興盛的境象，但在十八世紀中期以後，德國文化界開始意識到單單摹仿法國，而放棄自己國家的文化將令德意志民族不復存在。因此從文學領域開始到哲學、音樂、藝術等領域，提出要創立德意志民族特色的思想文化，開始形成一種文化民族主義的傾向，推動建立德國的民族文化，影響歐洲各國開啟追求文化的認同，產生文化的具體概念。

十九世紀英國人類學家愛德華‧泰勒（Edward Tylor）在其所著的《原始文化》一書中，首次給文化下了一個比較經典的

定義：「文化是一個複合體，其中包括知識、信仰、藝術、法律、道德、風俗，以及人作為社會成員而獲得的任何其他能力和習慣的複合總體。」這個定義比較廣泛的描述文化的概念和範圍，所以較多人採納使用。

一九五二年，美國人類學家克萊德‧克拉克洪（Clyde Kluckhohn）認為文化是後天及歷史形成的，也是人類生活中內在和外在的結合。他和阿爾弗雷德‧路易士‧克魯伯（Alfred Louis Kroeber）對一八七一年至一九五一年共八十年間有關文化的一百六十餘種定義進行批判性的歸納、綜述，得出「文化」的定義可以分成七組，包括：描述性的定義，歷史性的定義，行為規範性的定義，心理性的定義，結構性的定義，遺傳性的定義和不完整性定義。這七組關於文化的定義，就是構成「文化」這一概念的整體。他們又將文化定義為：「文化由外顯和內隱的行為模式所構成，它的核心部分是傳統觀念，尤其是它帶來的價值觀念；文化體系方面可以看作是活動的產物，另一方面則是進一步活動的決定性因素。」這一定義有四層意思：文化的構成、文化的地位、文化的核心和文化的作用；其中還重點闡述了文化對人類活動的重要影響。

德國思想家、共產主義的創始人卡爾‧馬克思（Karl Marx）對文化概念的描述比較少，但他認為，文化的概念可分為狹義和廣義兩個角度。廣義上指的就是一個包括意義、價值、象徵、觀念、意識形態等主觀因素，即人化。它表現出來的是歷史發展過程中人類的物質和精神力量所達到的程度、方式和

廣度。狹義的文化則特指社會意識形態為主要內容的觀念體系，包括物質、精神、制度等人類所有的實踐活動及其成果，並通過政治思想、道德、藝術、宗教、哲學等意識形態來表達。

在中國歷史上，文化這個詞語典出《周易·賁卦·象傳》，《易經》是闡述天地世間萬象變化最古老的經典，由三部經書《連山》、《歸藏》和《周易》所組成，目前只有《周易》流傳下來，其他經書已經失傳。

《周易》相傳由周文王於西周時期所著述，經過近代考證，普遍認為《周易》並非周文王一人所著，是集合西周時期當時占筮用的文字編纂而成，成書大約在公元前九世紀末的西周後期；《周易》是一本作為占筮之用的書，根據孔子所著以闡述《周易》的《繫辭傳》中的解釋，伏羲氏「仰則觀象於天，俯則觀法於地，取鳥獸之紋與地之宜，近取諸身，遠取諸物，作八卦以通神明之德、類萬物之情。」即通過觀察天象、地法、鳥獸、草木、人身、器物，總結出一個八種符號的系統，了解神明的德性，以歸納揭示天下萬物的變化，這八種符號稱為八個經卦，兩兩重疊組成六十四個別卦，每卦有六爻，合共有三百八十四爻，卜筮者向神明問事，求得卦象，藉此預測如出戰、祭祖、政務、農耕等事的成敗吉凶；《周易》就是記載這些經象及分別說明卦和爻的卦辭和爻辭；經歷時代的變遷，春秋戰國時《周易》便已深奧難明，因此孔子撰寫了七卷書共十篇稱為《十翼》以詳細解讀《周易》，而《象傳》便是其中一篇，專門解釋《周易》六十四卦的卦辭。

　　《象傳》中賁卦是由下離上艮這兩個小卦合成，離卦代表火，艮卦代表山，兩卦合一成山火賁卦，即山下有火一般，形成山火相映，彼此裝飾之勢。根據《說文解字》賁字的本義是飾的意思，指貝殼的光澤，引申為飾，賁字也可解釋為白色和日光，引申可解釋為光明廣大的意思，正好用賁字來表達山下有火形成裝飾之勢；《象傳》中賁卦卦辭為：「剛柔交錯，天文也；文明以止，人文也。觀乎天文，以察時變。觀乎人文，以化成天下。」宋代程頤在《伊川易傳》中解釋為：「天文，天之理也；人文，人之道也。天文，謂日月星辰之錯列，寒暑陰陽之代變，觀其運行，以察四時之速改也。人文，人理之倫序，觀人文以教化天下，天下成其禮俗，乃聖人用賁之道也。」用現今的角度來說，即是天道有自然規律，日月星辰往來陰陽交錯成文飾於天，即為之「天文」。人間的倫理社會規律，即人與人之間在社會生活中構成複雜而縱橫交錯的關係網絡，如君臣、父子、夫婦、兄弟、朋友的關係，顯現出紋理表徵，即為之「人文」；觀察天文規律，可以明瞭察知四時之變化，從而按時節有序而作息生活；了解構成社會上的秩序和人與人之間的關係，將這種人倫之間的美好相處關係，教導感化天下所有人，讓人人均能認識和遵從文明社會的關係，達到文明、文化的準則。而文化不是泛指普通人倫關係，必須是文明的關係，即是達到「文明以止」的標準，意指如果一個人，特別是統治者的德行能夠像天地日月一樣正大而光明，並用禮教來感化世人，天下的人民就會被他的光明之德所感召和指引而遵從禮義，

以至行其所當行、止其所當止。因此當「文」足夠美好的時候，是可以吸引很多人學習，從而不知不覺的被教化，這就是「文化」。

　　所以，將原本意思指各色交錯紋理的「文」字，加上指事物形態或性質改變及引申為教行遷善之義的「化」字，合成「文化」一詞的重點就是「以文教化」的意思，代表中國人的社會關係和生活，是以注重品德和德行內涵豐富、外延寬廣的精神行為概念。西漢歷史學家劉向在其所著記述春秋戰國至漢代遺聞軼事的雜事小說集《說苑・指武》中將「文」與「化」二字合為一詞道：「聖人之治天下也，先文德而後武力。凡武之興，為不服也。文化不改，然後加誅。」聖人在治理天下時，必先以文德教化天下，然後才使用武力征服。僅僅運用武力征討，不能讓人心服口服；如果以文德教化仍不能改變其文化，就應該以武力討伐誅滅。所以中國「文化」的定義並不是指簡單自然而成的關係，也不是隨意的生活習慣，是需要沉澱、去蕪存菁的高素質社會關係和秩序，與「野蠻」或與無教化的「質樸」是相對的。《論語》中有這樣一段話，子曰：「質勝文則野，文勝質則史。文質彬彬，然後君子。」國學大師南懷瑾所著《論語別裁》中，解讀這樣段話，指「質」的原意，是人樸素而原始的本性，只依從人原始的本質而行，文化淺薄，流於野蠻，但過分講求修飾和華麗，壓抑本性，卻造成虛偽、浮誇而空洞。只有「文」、「質」調和，在本質上加上文化的修養，才能配合恰當，離開原始野蠻，進入文明和文化之中。在中國文化裡，

文明就是教化，而教化的核心是讓每個人都能夠明白自己的身份；不光明白自己的身份，還要認同自己的身份；不光認同自己的身份，還要以此規範自己的言行舉止。當「文」足夠美好的時候，就可以吸引到很多人跟隨和學習，從而讓別人不知不覺起了變化，這就是「文化」。

　　雖然文化這個詞語最早已在西漢《說苑‧指武》出現，文化的意義更起源於中國西周時代《周易》，但在中國古書中卻較少提及或應用「文化」這個詞語，直到十九世紀以後才出現。當八國聯軍攻佔北京後，清政府驚惶失措，部分大臣如曾國藩、李鴻章、左宗棠等痛定思痛下，建議推行洋務運動，摹習西方列強國家的工業技術和商業模式，以圖增強國力應對西方國家的壓逼；可惜一八九五年甲午戰爭後，中國一敗塗地，洋務運動正式宣告失敗，但在洋務運動進行其間，清政府創辦以教授和學習西方語言為主的官辦外語人才教育機構同文館，培育了一批學習西方語言和知識的人才，學生曾被派到外國留學，除引進西方科技之外，同時也促進了思想的開放，探索和認識西方國家的文化和社會制度，因而在十九世紀末將西方的文明、文化概念引進中國，更將英文的 Culture 運用了「文化」一詞作為對應翻譯。也有人說「文化」這個詞語是「和製漢語」，因在明治維新時期的日本知識分子，大量將賦予新意的中國古籍裏的舊詞語以及日本人原創的新詞日語，用於寫作及翻譯西方的著作，而這些「和製漢語」隨著留學生和翻譯書刊傳入中國，將「文化」這個詞語引入中國。究竟文化這個詞語，是當時在

中國的外國人或同文館等翻譯機構所翻譯的「華製新漢語」，還是「和製漢語」？「文化」這個詞語的翻譯起源，今天已無法考證，但「文化」的概念應用，自二十世紀初開始在中國被廣泛討論，同時西方文化的思維和定義也影響了近代中國學者。

中國近代的著名思想家梁啟超在《什麼是文化》中提出了自己對文化的定義：「文化者，人類心能所開釋出來之有價值的共業也。」「共業」兩個字，是佛家術語，即是所有一切身心活動所留下的痕跡，但不是所有活動都是文化，只有影響別人或對社會有重大影響的活動痕跡才算是文化。

香港中文大學成員書院新亞學院創辦人兼院長錢穆教授，將文化定義為人類的生活綜合體，而且是一個國家、一個民族各種各樣的生活，經過長時間的歷史演進所構成的就是文化，包括物質方面、背後支撐和推動的重要觀念、信仰理論和慾望的積業而成的一種精神共業，可分成整體性與部分性兩個方面的表現，整體性是指其體性、命脈與精神；部分性是指其包含的各個分類如政治、經濟、軍事、地理、宗教、教育、文學、哲學、史學等各方面。

著名文化學者余秋雨先後在香港鳳凰衛視的《秋雨時分》談話節目和二零一三年接受澳門科技大榮譽博士稱號後的學術演講中，為文化下了一個最簡單的定義：「文化就是一種通過積累和引導，創建集體人格變成習慣包含精神價值和生活方式的生態共同體。」清末民初著名新儒家、政治思想家梁漱溟則認為：「文化不過是那一民族生活的樣法罷了。」這個文化的

定義包含「樣法」、「民族」和「生活」。「樣法」是指方法或生活的樣式;「民族」所指的是文化涉及而不是單單人的個體,而是在相對穩定的社會中的人的生活;而「生活」就是意欲或欲望,即佛教術語中「相續」,指生活即是在某範圍內的「事事相續」連續不絕的前因後果。

如果將西方和中國對文化的定義作簡單的比較,可以發現西方對文化的定義相對較為中性,泛指人類在社會中的行為模式、共同價值觀和表現出來的各種活動;但文化在中國的定義是正面而且是崇高的,是人在社會中生活的規範,每個人應該追求和需要學習和遵守的價值觀。儘管「文化」這個詞語在中國和西方意思相近,但也存在差異性。

中西方文化的根源

從西方文化定義的演變可見,在希臘時期西方文化是指人心靈上的培養過程,到十七、十八世紀開始,文化成為一個社會上知識發展的整體狀態和習慣;到後期成為物質上、知識上和精神上的整體生活方式,並以不同的範疇顯示出來文化的實物。這種改變充分反映出西方文化的根源、形成和特徵。西方文化興起於地中海一帶,文化的根源主要來自三大文明:古希臘文明、古希伯來文明和古羅馬文明。

古希臘文明,源自公元前十六世紀,孕育于愛琴海地區,受地理環境影響,古希臘民族面對驚濤駭浪、神秘莫測、一望無際的茫茫大海的種種惡劣自然條件,激發出冒險和開拓精神,

培養出極強的探究自然奧秘、與自然搏鬥、駕馭自然、征服自然的雄心，因此人與自然是對立的。所以西方人的共同特點是民族性粗獷而感於冒險，側重於探索自然和了解自然，從而產生理性主義和科學主義，自公元前六世紀希臘出現世界上第一批哲學家、思想家，朝著科學唯物主義的方向探求世界的本質，對後世西方文化影響深遠。唯物主義認為世界的本原是物質；精神是物質的產物和反映，隨著民主政治的發展，希臘在公元前五世紀出現一批以教授演說和辯論術的思想家，將研究重點從自然本質轉變為社會政治倫理即「人」的問題。著名的希臘哲學家蘇格拉底認為人對自己是一無所知，所以人需要認識自己，形成人與物的關係為古希臘的重要的文化概念。古希臘的哲學是後世西方各種哲學觀點的胚胎和萌芽，古希臘的思想構成了現代西方理性精神文明和文化的核心。

　　第二種西方文明的根源是希伯來文化，也可稱為基督教文化，誕生於古時稱為迦南今天被稱為巴勒斯坦的土地上。古希伯來人原是閃族的分支，閃族起源於阿拉伯沙漠的南部，起初是逐水草而居的遊牧民，面對乾燥而不適宜耕種的貧瘠沙漠地區，古希伯來人週期性地在亞拉伯地區遷徙，困難而艱苦的生活，令苦難的民族鍛煉出頑強和無比堅毅的意志，更發展出敬天信神的宗教信仰，作為民族強大的凝聚力量和民族文化的堅強支柱。約在公元前二十世紀前後，希伯來人創立了猶太教，從而衍生出主導整個西方社會的基督文化。作為一個弱小的民族，希伯來民族自公元前十六世紀因為饑荒從迦南逃避到埃及，

寄人籬下、受盡奴役生活四百多年後，逃出埃及重新進入迦南建國後，經過短暫的統一（公元前一零二八到公元前九三三年）並歷經外族欺壓、分裂和最終亡國，人民流散到世界各地，但希伯來民族以堅定的宗教信仰和獨特的開創精神，在保持民族性的同時相容並蓄，形成了以《希伯來聖經》即基督教所稱的《舊約聖經》為主題的強勢文化鞏固信仰。公元一世紀，從傳統的猶太教發展出一個分支基督教，以耶穌作為上帝的兒子降臨世上及拯救人類的彌賽亞，將封閉的猶太教廣傳到非猶太人，成為普及的宗教。其後耶穌在世和門徒傳揚福音的事蹟被編寫成新約聖經，與舊約聖經組合成為基督教聖經，發展成為基督教文化，並逐漸得到羅馬帝國內的民眾的接受，在公元四世紀初羅馬帝國皇帝君士坦丁頒佈了著名的《米蘭飭令》，宣佈承認基督教在羅馬帝國中的合法地位，羅馬統治者開始大力扶植基督教，並逐步使其變成了羅馬帝國的官方宗教。基督教從猶太教演化而形成，但獨立於猶太教的宗教，兩者的教義基本相同，強調，只有單一真神「上帝」，無形而永恆，從亙古到永遠，人是上帝按照他的形象所造的，所以人必須敬畏上帝和遵從上帝的旨意和律法，每個人都是上帝的子民，因此人人平等，應該有尊嚴且受到尊敬地對待。猶太教卻不相信耶穌是彌賽亞和上帝的兒子，更封閉的不接受非猶太人教徒。相反基督文化並不排外，反而向外邦人即非猶太人宣揚廣傳基督教的教義，因而令基督教文化更為廣泛流傳。希伯來文明除在紀元之初孕育了基督教，在公元七世紀又哺育了伊斯蘭教，十四、十五世

紀時為歐洲文藝復興的發生起到了重要的作用。

　　基督教文化對西方社會影響深遠，構成西方文化精神與價值觀中的幾個重要元素。第一、人與神的關係；聖經上明確指出上帝是造物主，人是被造物，因此人必須尊敬和服從神，以永生作為人生的目標；但人在俗世上卻仍然需要面對種種繁瑣的生活，因而產生世俗秩序和精神及靈魂信仰之間的矛盾，基督教文化以二元論將天上和地上的生活完全分開，地上的皇權是上帝授予的，所以人民在宗教之外需要服從統治；天上的問題將由上帝作公允的判決和處理。在馬太福音第二十二章二十一節：「凱撒的物當歸凱撒，上帝的物當歸上帝。」精煉而深刻的表達了這個二元性。第二、人與人的關係；聖經上明確記載，人是被上帝作為造物主以祂的樣式所創造的，所有人都是上帝的兒女。無論智慧、愚蠢、強弱、富貧，在教會的大家庭之中，地位和關係都是平等的，但需要說明的是上帝之下人人平等的概念，是建立在對上帝信仰的基礎上，即是摒棄世俗的生活後，在獲得救贖進入天堂及追求永生的道路上，每個人都是平等，所以基督教文化中的「平等」並非一般人所理解的「平等」概念，因為在天賦、名望、權勢、機遇、財富上，人根本不可能平等！一七七六年，美國以基督教立國頒佈的獨立宣言內，寫上重要的一條：「每個人均是按神一樣的創造出來，所以每個人都是獨立體，每個人賦予生存、自由和追求幸福的權利。」但許多人將這一段翻譯為「人生而平等」，錯誤地將「上帝面前人人平等」的概念，轉化成非基督教文化的「人人平等」

主義，發展出普遍的個人、平等、自由主義。第三、契約關係；根據聖經記載，神與人前後立了八個重要的聖約，藉以規範上帝與人的關係，並定下得救恩的應許。前四約是記在創世記之內，包括：伊甸園之約、亞當之約、挪亞之約、亞伯拉罕之約；後四約就是摩西之約、帕勒斯坦之約、大衛之約、新約。其中摩西之約是摩西在帶領猶太人離開埃及後，在西奈山上從上帝領受而頒佈給以色列百姓的，就是一般所說的「十誡」，前四誡訂立上帝和人的關係、後六誡是人與人的關係，猶太民族稱之律法。在以色列王國後期，猶太人違反與上帝所立的約，不遵守律法，最終遭受災禍和咒詛，先知耶利米面臨國破家亡時，從上帝得到啟示所傳出的重要資訊，就是上帝要與百姓訂立新約，新約不像從前傳給摩西時寫在石版上，而是要寫在百姓的心上，新約就是指耶穌基督將會來到世上，拯救世人，讓人得到赦罪的救恩，使到罪人和聖潔的上帝可以建立一個親密的關係。這種契約精神對西方後世有深遠而重大的影響，儘管沒有證據可以說明西方的社會契約關係是從基督教而來，但很明顯法國啟蒙思想家、哲學家盧梭《社會契約論》的理論基礎與基督教的契約精神不謀而合，社會契約理論認為政府的成立，不是人與政府之間的契約，是人與人之間的契約，人民願意放棄個人的自由與權利，授予政府，締結形成社會契約，讓政府來治理國家，從而得到平等的契約自由與權力，社會契約的思想，形成現代社會民主制度的基石。

　　第三種文化根源是古羅馬文明，指從公元前九世紀初在義

大利半島中部繼古希臘文化之後興起的文明。羅馬最初奉行王權政體，國家由國王、元老院和代表人民的區會議組成，屬於典型的氏族部落組織，但最後一任暴虐無道的國王被趕走後，公元前五零九年羅馬進入共和國體制，國家由執政官、元老院、平民大會管理，實際卻是由貴族把持的元老院掌權，執政官也是在百人會議內從貴族中選舉產生，行使最高行政權力。直到公元前五世紀，當時羅馬同鄰近部落發生戰爭，但貴族和平民之間在國家管理上產生矛盾，平民效力國家負起征戰的責任，但卻無法參與國家的管理，因而拒絕履行兵役義務並起來反抗，逼使貴族承認平民所選的「保民官」負責保護平民的權力，和召開平民大會的權力，當時羅馬人仍然依據習慣法生活，即有紛爭時由法官按世代相傳的慣例和行為模式判斷，但習慣法的解釋權操控在由貴族擔任的法官手裏。法官利用這個權利為貴族謀利益，讓平民感到不公平和不滿，因此推動將法律制定為成文法，以更好地知悉法律規則。在公元前四五一年，羅馬成立了十人委員會，並在數年間頒布了一部法典，刻在十二個銅表上，被稱為《十二銅表法》。《十二銅表法》僅僅是以過去的習慣法為基礎，由平民和貴族共同制定的成文法，法例並沒有改變平民與貴族的不平等現象，因此隨著社會的不斷發展，兩者之間的鬥爭更趨激烈。平民漸漸不滿足於《十二銅表法》的規定，因此孕育出《公民法》，後期羅馬共和國的版圖擴大，經濟迅速發展，加上大量的外來人口，產生新的社會矛盾，於是形成了適用於羅馬公民和外來人以及外來人和外來人之間關

係的《萬民法》。儘管羅馬共和國在公元前二七年元老院放棄共和制，賜君權予羅馬帝國的開國君主屋大維，正式標誌着羅馬從共和國轉變成為羅馬帝國，但羅馬的法制仍然繼續推行並得到豐富。在公元二一二年，卡拉卡勒皇帝為了擴大自己的軍事力量和增加國庫的財政收入，正式頒佈《卡拉卡拉敕令》，授予帝國境內的每個人都成為羅馬公民，消除非羅馬人在法律上的不平等現象，《公民法》和《萬民法》自然融為一體。羅馬的法律至此逐步成熟完善直至羅馬帝國滅亡，所確立的法典自《卡拉卡拉敕令》頒佈後沒有再重新進行修改，僅通過新解釋或者修訂來解決新的問題。自公元三世紀羅馬帝國東西分治後，東、西羅馬帝國仍然採用原有羅馬帝國的法律，公元五世紀西羅馬帝國查士丁尼大帝對大部分羅馬法典進行了重新整理匯總，編纂成一部由四部分構成的《民法大全》，完成整個《民法大全》的編纂工作之後，禁止對《民法大全》作任何的評論或者立法，羅馬法正式集大成。

雖然法律的發源地是古埃及而不是羅馬，但法律制度是在公元前六世紀埃及被波斯王朝征服之後，輾轉傳到希臘並再傳到羅馬並得到完善的發展，羅馬卻是世界上西方法律史上第一部成文法典、大陸法系的源頭，儘管自公元五世紀後，因《民法大全》的確立而羅馬法律被禁止討論和修改後，讓專注於解釋法律的法學家逐漸減少，加上西羅馬帝國滅亡，西歐進入中世紀，羅馬法院的權威完全失落了，羅馬法在歐洲大陸幾乎完全消失近數百年之久，直到公元十一世紀，才偶然在義大利北

部某處古建築出土一套完整的《民法大全》，讓已經失傳的羅馬法律再重新出現在歐洲大陸，並再次深深影響西方重視法律的文化精神。

這三大文明或先或後出現在歐洲大陸，古希臘文明從哲學中引發出理性邏輯認知普遍主義，發展為後來的科學傳統；古希伯來和基督文明從對上帝的敬畏，引發出宗教原罪思想，將人和神及人與人之間的關係通過契約精神構建出西方二元社會結構，發展出普遍個人主義倫理文化；古羅馬的法治文明，為西方法制觀念奠定了基礎，這三大文明以基督教為中心匯聚結合，通過宗教信仰的形式在西方構築起龐大的文化體系。

中國文化與西方文化在本質上存在很大的差異，相比西方多源性的文化，中國文化的特點是單一性、統一性和具延續性的。從地理的角度來考證，中國文化發源在華夏大地上，東面是瀕臨茫茫大海、西北橫亙漫漫的戈壁沙漠、西南橫聳立着世界屋脊青藏高原，形成一個相對封閉的地形環境，與世界其他地方有天然的屏障阻隔分開，既不容易受到外來民族的侵略，也較難與其他地方的文化進行交流，所以不容易受其他地方的文化影響，在相對封閉的地理環境條件下，形成中國文化的單一發展和保留文化傳統的延續性。中國境內地質地形相當複雜，呈現西高東低三級階梯狀逐級下降的地勢，第一級階梯主要分佈在青藏高原附近，海拔在四千米以上；第二級階梯主要分佈在高原、盆地之上如內蒙古高原、黃土高原、雲貴高原、準噶爾盆地、四川盆地、塔里木盆地等，一般海拔在一到二千米；

第三級階梯主要分佈在平原、丘陵地區，海拔五百米以下，如東北平原、華北平原、長江中下游平原、遼東丘陵、山東丘陵及東南丘陵等。因此山地、高原和丘陵佔整個中國國土面積的三分之二，餘下三分之一為平原和盆地；河流網路縱橫交錯，黃河、長江流域與遼闊的平原相毗連接，受山勢影響多數河流從西流向東部入大海，湖泊眾多，主要分佈於南部和西部，五大淡水湖泊鄱陽湖、洞庭湖、太湖、洪澤湖和巢湖均分佈於長江流域，水資源豐富；氣溫上中國大部分地區屬溫帶，最北部納入亞寒帶，最南部為熱帶地區，東北寒冷而南方溫暖，加上東部受海洋氣候影響，西北部遠離海洋為大陸性氣候，造成整個中國多樣化的氣候和氣溫，加上水系縱橫交錯的在廣袤的疆土上，有利於發展農業，從而形成以大陸農耕文化為主體獨特的中國文化。

　　中華民族生活在中國的疆域內依靠大自然的恩賜。自遠古部落時代後期，中華民族掌握了農業耕種和畜牧的技術後，已從狩獵與遊牧文化逐步轉向農耕文化，不與大自然競爭，反而依靠務農從土地上種植出來的收成生活，土地是祖先開墾留存下來的，生命是上天賦予的，在周而復始的自然變化下，仰望四時有序、寒暑更替、春華秋實，期盼風調雨順，發展出人與自然的和諧關係，追求自然、樂天知命、崇尚天人合一的思想，講求人文平衡和道法自然，人必須「順應自然」，孕育出與大自然和諧共處的第一種文化特質；在世代以務農為生的農耕文化下，中國人以土地為基礎發展出以血緣關係和家庭為核心觀

念的人與人的人倫關係，聚族而居，安居樂業，世世代代，生於斯、長於斯、死於斯，世代繁衍，重土安遷，從家庭發展成家族再推廣到宗族，從講求家庭倫理相處關係，到強調家族感情和倫常德道、人倫關係，推而至於天下，講究宗族文化，將人的價值放置在家庭、家族和宗族的價值之下，構成中國以人倫道德為重的第二種文化特質；在大陸農耕型的自然經濟文化下，中國文化認為人與自然和諧共處，因此人是自然存在的，世界萬物也是在自然的本性之中，所以自商朝之後，重鬼神的思想逐步被淘汰，《論語・述而》篇中「子不語怪力亂神」，道出中國文化只推崇自然之道而對於鬼神之說敬而遠之，所以中國沒有形成具系統、規模龐大與影響力廣泛的宗教信仰，儘管道教作為中國的傳統本土宗教，但道教尊崇的始祖老子在《道德經》中僅僅提出「道可道，非常道」的自然之道，指出宇宙之中存在一種自然的法則，而這個法則是人無法完全明白知曉的，既然世界和人都處於自然之中，人何必追尋虛無的自然奧秘，相反人生的價值根源歸結於人自己的本心，重視現實，《中庸》說：「率性之謂道」、「誠者天之道」，「率性」和「誠」就是遵循自己的本性，遵循和堅持自己真實的內心，人的文化修養精神因而重在內向的反省本心和證悟真理，以心為本，以人為本的「心本主義」的第三種中國文化特質。

　　總括而言，中國文化的根源受大陸性與多樣化的氣候和自然地理環境所影響下發展出農耕文化，從而衍生構成「天人合一」、「人倫道德」、「心本主義」的三大中國文化特質。

📚 中國文化的層次 📚

儒學經典《四書》之一《大學》，原是《禮記》其中一篇，約在戰國末期至西漢初年之間成書。自唐朝開始為韓愈、李翱所推崇，逐漸被儒家重視；宋朝著名理學家朱熹將《大學》從《禮記》獨立成書並與《論語》《孟子》《中庸》合編為儒家的《四書》，成為中國傳統的經典著作，朱熹在統整《四書》時定立了順序，將《大學》列為《四書》的首讀，認為：「先讀《大學》，以定其規模。」因為《大學》所教授的是學習做人做事最基本道理的綱目和框架，從追求內在的個人修養，到外在處世原則和社會政治的關係，這正正是中國文化的層次關係。《大學》提出三綱領、八條目的理論，首篇開宗明義說出：「大學之道，在明明德，在親民，在止於至善。」這就是學習做人的核心價值的三個綱領。「明明德」是要明白、解悟、培育自身的高尚品德；「親民」就是親近百姓，將明悟到的崇高品德在社會上身體力行，達到發揚教化民眾；「止於至善」是堅持追求自己的品德達到極善的境況，更使自己和整個社會都達到崇高品德的境界。《大學》提出的八個條目為：「古之欲明德於天下者，先治其國；欲治其國者，先齊其家；欲齊其家者，先修其身；欲修其身者，先正其心；欲正其心者，先誠其意；欲誠其意者，先致其知，致知在格物。」這八個條目以「修身」為中心，主張由內而外，推己及人。「修身」就是從個人內在出發，追求明德，培養好自身的言行思想和道德品格，要「修身」就必須

先從「格物」開始，即先對外界事物進行探究認識，找出事物的規律和真理，才能啟發思考認識周遭萬事萬物，獲得最根本的知識即「致知」，在探求世界上萬事萬物的真理和知識時，需要有「誠意」，真誠坦率的意念去客觀探求採納，不能有偏見，也需要時刻進行反思，更要「正心」以待，端正自己的心意和思想，消除雜念之心，將獲得的知識正道而行；完成個人內在的品德和知識修養鍛煉，達至「修身」之後，才可以向外「齊家」、「治國」、「平天下」，經世濟民，治理家、國和天下。這就是中國從個人到社會到國家的文化層次，也是儒家思想中內聖外王，即心內有聖人之德，對外施王者之政，將人格理想和政治理想互相結合的整個政治思想體制，強調個人道德修養與治國、平天下的完整一致性。

必須說明的是古時「家」、「國」、「天下」的概念與現今的意思略有不同，《大學》成書於春秋戰國時期，春秋年代繼承商周的分封制，所謂「分封制」，即是將同姓宗親和功臣、謀士、盟國的首領分封到各地，建立諸侯國，以藩屏周的政策，周朝時代，周王室稱王為天子，管理天下，所以「天下」是指整個中華大地，王室之下周天子分封土地與各諸侯，而諸侯所管轄的地方稱之為「國」。據史書記載，當時有八百多個諸侯國，在諸侯國之下，還有「家」。「家」不是指普通的家庭，指的是卿、大夫的食邑，是諸侯封賜所屬卿、大夫作為世祿的田邑、食邑，是可以世襲的，所以「家」是僅次於諸侯的個人封地，是「大家」，不是簡單的家庭。

　　將「修身」、「齊家」、「治國」、「平天下」以現代的概念演繹，可以化成貫穿中國文化的三個層面：中國人的內在文化思想精神、人與人之間的倫理關係和人與社會政府的關係。

第四章

中國人的思想精神

人的一切即代表著天，整個人生即代表著天道，這個人與天的關係就構成中國文化精神的根本。

第四章
中國人的思想精神

　　西方文化認定世界自身是不會獨立存在的，在世界之外有一個絕對權威淩駕於世界之上，就是世界的「本體」。這個「本體」創造和支持了世界存在；自古希臘時代伊始，哲學家開始思考「本體」這個問題，將「本體」分成兩個思想體系：唯物主義和唯心主義，唯物主義認為物質決定意識，唯心主義則認為是意識決定物質，唯心主義和唯物主義成為西方哲學的兩個主要思想並存，而這個「本體」在基督教的宗教思想下，就是「上帝」或者「神」，在基督教為中心匯合希臘的理性文明文化精神和羅馬的法治精神下，不管是宗教還是哲學，「本體」主導了西方的文化精神。

　　中國文化與西方文化中的「本體」思想不同，中國文化的特質，講求「天人合一」和「心本主義」，認為世界和人是自然存在的，無論世界，或是人，都有自然本性的屬性，而萬事萬物都有自然本性和規律，這個就是「道」。中國文化就是將人的思考認知能力當成是人的本質；認為人的思考認知能力是從「心」發出，「心」並非真實的生理器官，是思考認知功能的主體。《四書》之一《中庸》主要論述儒家本性的修養，《中庸》也原是《禮記》其中一篇，相傳為孔子的孫子子思所作，宋朝時將之抽出獨立成篇；引《中庸》其中一節的論述可見中

國文化對本性的推崇：「唯天下至誠，為能盡其性。能盡其性，則能盡人之性。能盡人之性，則能盡物之性。能盡物之性，則可以贊天地之化育。可以贊天地之化育，則可以與天地參。」當人能充分發揮其本性達到最真誠的境界後，就能盡眾人的本性，盡萬物的本性，最終能參與協助天地將人教化；從修養人的本性到天、地、人三者之合一，就是中國文化最高信仰之所在，人能「贊天地之化」，還能「贊天地之育」。與西方文化相比，西方人要服從「天」即「神」，現代西方人在理性思維下要憑人的智慧來征服自然；但中國人的理想，則人在天地之間，能幫助天地來化育，這就是中國人參與在這個天地之中，與天地鼎足而三，故曰「與天地參」；而最後成為天、地、人之三位一體。人的一切即代表著天，整個人生即代表著天道，這個人與天的關係就構成中國文化精神的根本。

明末文學及戲曲家馮夢龍創作撰寫纂輯一本四十篇的白話短篇小說集《警世恆言》，以民間傳說、史傳和唐、宋小說方式，反映明代社會生活及其思想道德觀念的作品，其中一卷《蘇小妹三難新郎》的故事講述宋朝學士蘇東坡有一個聰明可愛妹妹蘇軒，人稱蘇小妹，準備下嫁才子秦少游，但秦少游誤信蘇東坡與小妹互相調笑對方長相的傳說，擔心蘇小妹如蘇東坡詩文所描述：「未出堂前三五步，額頭先到畫堂前；幾回拭淚深難到，留得汪汪兩道泉。」容貌凸額凹眼，所以特意假扮成一個化緣道士，藉蘇小妹到寺廟上香的機會，偷看蘇小妹的容貌，發現氣質高雅，清秀可人，故安心迎娶；但蘇小妹得悉後，卻

越想越生氣，於是在洞房花燭之夜設定下三道難題，考驗秦少游的文才，報一箭之仇，第一道詩謎是：「銅鐵投洪冶，縷蟻上粉牆；陰陽無二義，天地我中央。」第一句銅鐵投入洪爐中冶煉，就是「化」的意思；第二句螻蟻一隻跟一隻的爬上牆，含有「沿」的意思，「沿」與「緣」相通；第三句陰陽中只有一義，那就是「道」；第四句立天地之間的就是人，是「人」字了；四句合起來就是「化緣道人」。原來蘇小妹藉題揶揄他假扮成道士偷看她，秦少游明白後以詩回應「化工何意把春催？緣到名園花自開。道是東風原有主，人人不敢上花台。」每句詩的第一個字合起來就是「化緣道人」，隱含著道歉的口氣，最終才子抱得美人歸。當然這個故事是杜撰出來的，因為蘇東坡根本沒有妹妹，所以蘇小妹並不存在，但故事中詩謎的兩句：「陰陽無二義，天地我中央。」卻充分反映出中國文化精神中「道」與「人」的主流思想，普遍深入民心之中，因為世界上在陰陽之中的規律就只有「道」即「天道」，天地之間存在的就只有「人」。

中國文化思想經歷數千年的發展和演變，在「道」的主流思想下，逐漸發展形成以儒、釋、道三家組成的多元融合文化思想，以儒家為主，佛、道為輔的「三教合一」，更是匯合構成了中國思想文化發展的基本格局。雖然三教偶有衝突，在相互排斥之中卻互相融合，形成了獨特的三教並存的中國文化思想精神，長期傳承和延續。

┃ᐟ\ 儒家思想 /ᐟ┃

儒家思想是由孔子在公元前五世紀春秋時期從周朝禮制所演變創立的，春秋末年，周王室衰落，諸侯紛紛而起，封建制度崩壞，各諸侯不遵守禮樂秩序，禮制分崩離析，孔子作為禮學專家，十分敬仰周禮文化，認為只有恢復「周禮」制度，才能使社會重回秩序。「周禮」相傳為周公所制定，武王伐商湯後早逝，周公攝政輔助成王，為了鞏固周王朝的統治，將過去夏、商朝的政治文化體制實行了全面革新，定立了一套完整而涵蓋範圍非常廣泛的典章制度，以禮樂文化體制為社會秩序的基礎和核心，將人、事、物都按等級和制度定下需要遵循的禮樂規範和準則，如祭祀、朝覲、封國、巡狩、喪葬等等的國家大典，也有如用鼎制度、樂懸制度、車騎制度、服飾制度、禮玉制度等等的具體規則，配合各種禮器的等級、組合、形制、度數，藉此以禮樂教化社會上各階層和等級，形成一套從道德規範到典章制度嚴謹的社會秩序和文化體制。

孔子認為面對當時周天子地位低落，諸侯不再朝覲天子，反而臣服於霸主，諸侯、大夫違禮僭越之事頻頻發生，社會陷入秩序敗壞的狀態下，正正是「禮崩樂壞」的原因，在《論語・顏淵》中：「顏淵問仁。子曰：克己復禮，為仁。一日克己復禮，天下歸仁焉。為仁由己，而由人乎哉？顏淵曰：請問其目。子曰：非禮勿視，非禮勿聽，非禮勿言，非禮勿動。顏淵曰：回雖不敏，請事斯語矣。」孔子這裏所說的「禮」，就是西周之禮，但僅

僅推崇恢復周禮卻無法能讓天下重回正軌，所以孔子認為必須將禮樂傳統進行改造，在舊有「周禮」的基礎上提出了「仁」的思想，要達到仁的境界就需要「克己復禮」，即是約束自己，使言行符合於禮的意思，「內仁外禮」就成為了孔子建立儒家思想的基本理論原則。

在過去數十年有很多學者對「儒」的起源進行深入研究和探討，但卻沒有達成共識。儒字是人加上需，需即指人在地下祈求，雨在天上降下以滋潤萬物，達到豐衣足食；《說文解字》中：「儒，柔也，術士之稱」，普遍認為「儒」的原意是指自殷商朝代開始，精通宗教、禮儀，替人主持祭祀儀式，以此為業的人，「儒」者世代相傳，與巫祝相似；但在周朝之後，周公把夏、商歷代迷信鬼神的祭祀宗教儀式，轉變成為文明的禮樂，而「儒者」便從祭司和術士的角色，變成為負責安排、組織和教授別人禮樂儀式的人，當進行祭祀特別是安排婚喪嫁娶禮儀時，人們需要向熟悉禮樂儀式的「儒者」請教，除了禮樂儀式，「儒」者一般也通曉六藝，因此也會向人傳授知識才藝，作為教者，「儒者」逐漸成為古代對學者的尊稱。雖然孔子推崇「周禮」，自己和弟子也主持和教授禮樂，但孔子從沒有自稱為「儒者」，也沒有論述和解釋儒的思想，只在《論語》孔子對子夏說：「汝為君子儒，毋為小人儒。」提倡「君子儒」，即是成為一個才德出眾的「儒者」，不要成為一個不遵守道德規則和沒有高尚人格的「儒者」，將「儒者」從禮樂、祭祀專家轉型為知識學者，提升了「儒者」的思想地位。有人認為將孔子的思

想稱為儒家學說起源自《漢書‧藝文志》：「儒家者流，蓋出於司徒之官，助人君順陰陽教化者也。游文於六經之中，留意於仁義之際，祖述堯舜，憲章文武，宗師仲尼。」這種說法也無不可，主要因為孔子首創私學教育，廣收學生，教授禮樂和六藝，與「儒者」的地位和工作符合。

在春秋戰國時期，孔子的學說僅僅是「百家爭鳴」中的一個學術派別，其他學派，特別是「法家」以法理治國更受推崇，各國君主為求國家強大，紛紛啟用法家人物變法改革；商鞅依靠法家的思想，幫助秦孝公通過變法，推行政治、經濟、社會制度的改革，將秦國改造成富裕強大的國家，奠定堅實的基礎，促成日後秦始皇統一中國，就是法家在春秋、戰國成為重要主流思想的一個最好的例子。但到了漢代，中國已經統一，國內政權穩固，需要完整及深厚的哲學思想來維護和鞏固政權的管治權威，儒家思想才逐漸抬頭。一方面儒家提倡通過禮制維護社會秩序，定立了必須嚴格遵守的人倫關係，有利皇權的統治，另一方面儒家要求統治者實行仁政，君輕民貴，符合人民對統治者的訴求，而儒家的角色就是輔助和支持統治者推行仁政，以令政權得以延續，深受統治者的器用，漢武帝時，董仲舒更進一步將陰陽家的思想加入儒學，提出天人感應，認為皇帝是受命於天，是上天派來管理人間的代表，所以當皇帝行王道，施行仁政時，天下將風調雨順，人民得以安居樂業，生活無憂，董仲舒在《天人三策》中提出：「諸不在六藝之科孔子之術者，皆絕其道，勿使並進」，而東漢歷史學家班固於《漢書 - 武帝紀》

提出：「孝武之初立，卓然罷黜百家，表章六藝。」漢武帝因而大量任用儒生為官，推崇獨尊儒家，自此儒家思想成為中國文化的主流思想。

儒家以孔子的思想為中心思想，在《論語》首章：「子曰：學而時習之，不亦說乎？有朋自遠方來，不亦樂乎？人不知而不慍，不亦君子乎？」明確指出儒家思想以人心作為根本，以追求個人的「悅」與「樂」為開端，而世間的快樂就是從個人學習開始，不僅是書本上的學習，更重要的是學習做人的道理，即知識是從外到內的反覆學習和自我修煉成為習慣的過程。如果有志同道合的人遠來，交流切磋心得和做人的體會，豈能不樂！自身學習不管別人是否認同，不應影響到個人情緒，悠然自得的境界，只有君子才可能做得到。

儒家的核心思想為「仁」和「義」，即把禮的根源由「天」改為內求於「心」，從人內心的道德意識之中尋找社會的規範秩序的依據。孔子把「仁」作為最高的道德原則，所以《論語》「仁」字出現了一百零九次，簡單而言，仁者愛人，對萬物生育的事物有恩情。「義」者宜也，只有「仁」的道德感情還不行，必須通過「義」來裁量「仁」的行為適宜與否，所以「義」與「仁」緊密相連。孟子把「仁、義」延伸為「仁、義、禮、智」，董仲舒擴充為「仁、義、禮、智、信」，後稱「五常」。

內修仁德，外尊禮儀成為了儒家對人言行的根本要求。在「仁」、「禮」關係上，「仁」是禮義的內在精神，而禮是仁的外在體現；離開了「仁」，而「禮」便沒有精神實質；失去

了「禮」的體現，而「仁」便是抽象和沒有具體的表現。孔子曰：「人而不仁，如禮何？人而不仁，如樂何？」儘管朝代的更替，但儒家思想一直得到統治者的認可和提倡，千百年來，從皇帝到大臣，從學者到平民均深深受其影響，成為了中國人的思想精神重要支柱。

📚 道家思想 📚

與儒家相同，道家也是春秋戰國諸子百家中一個重要的思想學派。傳說道家思想起源可追索到三皇五帝時期，已經有古代先賢在探索人與自然的道，軒轅黃帝就有天人合一的思想，春秋時期李耳即後世尊稱為老子，集合了古代聖賢對自然和宇宙的智慧，編輯而成了道家完整的思想理論，老子曾擔任周朝守藏室之史官，以學問淵博聞名，孔子曾向他請教有關禮的問題，相傳老子有感周王室衰微，因而棄官歸隱西去，至函谷關遇見關令尹喜，請老子為其著書，老子著書上、下兩篇合共五千多字，講述道德之意，贈於尹喜而離去，一篇為《道經》，論述宇宙的根本，蘊含天地變化之天機，和神鬼應驗之秘密；另一篇為《德經》，講述處世之方，蘊含人事進退之術，長生久視之道；兩篇合成為《道德經》流傳後世。

現存廣為流通的《道德經》主要是西漢河上公所注的《河上公章句》版本與三國曹魏時期王弼注的《老子注》版本，兩個版本均大致相同，但近期考古發現出土帛書本和楚簡本的《道德經》，而這兩個版本的內容卻與通行版有明顯不同的地方，

讓人疑惑究竟那個版本才是《道德經》的原本。帛書本在二十世紀七十年代湖南長沙馬王堆漢墓中出土，墓主人是西漢初期長沙國丞相軟侯利蒼，所以帛書本的《道德經》與老子相距約三百多年，比通行版更為接近。帛書本與通行本有幾處明顯的區別，第一、帛書本的《道德經》跟通行本一樣分兩篇，但兩篇均沒有名稱，只在篇末有「德三千卌一」和「道二千四百廿六」，即表示德篇有三千零四十一字，道篇有二千四百廿六字。第二、帛書本《道德經》上篇為「德」，下篇為「道」，與通行本的上下篇順序顛倒，所以按帛書本《道德經》的第一句應是《德經》的第一句：「上德不德，是以有德；下德不失德，是以無德。」而並非《道經》的第一句：「道可道，非常道；名可名，非常名。」第三、內容上作比較，帛書本與通行本大約有七百多處不同的地方，舉例說帛書本《道經》的第一句是「道，可道也，非恒道也。名，可名也，非恒名也。」而並非如通行本的「道可道，非常道；名可名，非常名」，估計可能是為了要避漢文帝劉恒的名諱，所以通行本將「恒」字全部改為「常」字；但楚簡本的考古發現卻又推翻了帛書版的考證。楚簡本在一九九三年湖北省荊門市郭店村墓葬群出土有字竹簡共七百多枚，估計應該是屬於戰國中晚期的陪葬物，其中包括有三個《老子》的抄本，比帛書本還早約一百年，但楚簡本僅有二千多字，大概只有通行本內容的三分之一，大幅少於通行本或帛書本的五千多字，連道家最重要的「道可道非常道」這句話也沒有，在章節編排次序上也大不相同；三個版本究竟那

個版本才是原本，可能還需要考古學家繼續努力考證，但要研究道家思想及其影響，還是應該採用通行本比較合適，畢竟通行本從西漢開始流傳至今，對後世的影響最深遠。

如果說儒家是入世的思想，那道家的思想就是出世的思想，即探究自然的思想，老子在他所著的《道德經》中作了詳細的闡述。在《道經》的首句指出：「道，可道也，非恆道也。名，可名也，非恆名也。無，名萬物之始也；有，名萬物之母也。」自然之中存在的規律大道，可以簡單稱之為「道」，但「道」是變化萬千而非恆定的，那麼能用人類的語言文字把它寫下來，就不是永恆宇宙規律的道了。簡單而言，道就是宇宙中的規律，道家思想的核心認為在自然宇宙中存在統治天地萬物演化運行的機制，這個就是「道」，是世界的本源。「道」生一，即「道」自我生成，自我決定；「道」蘊含著生命，是萬物的母體，生命源於「道」，而這個道是「人法地，地法天，天法道，道法自然。」所以自然的法則就是「道」，天的法則遵循大道的規律，無為而無不為，地上萬事萬物的運行，遵循上天的運行法則，就如日月星辰的運行，四季的變化均遵循天道；人在世上也要遵循地上的變化，社會的法則而生活。所以人在世的生活必須要遵循自然的法則、永恆的規律，即是「道」。

換一個說法，人作為天地化生之一物，同其他萬物是同等的，均是「道」的產物，而「道」的本性是自然，所以人的本性也是自然屬性。天地萬物都由「道」而生，所以道家用「道」來探究自然、社會、人生之間的關係，提倡道法自然，與自然

和諧相處。

　　既然人是自然的組成部分，人需要遵循自然而生生不息，尊重自然，尊重「道」，就是尊重人的本性即「人道」。人是社會生活發展的根本，就更應該堅持一切尊重人、一切為了人、一切以人的需要為出發點和一切以人的滿意為標準，去衡量人類的行為和理念。這就是道家道德觀以重「德」尊「道」為根本，道德理論的最高範疇，也是人類道德的根本要求和內在價值的目標，道家之道德理論是效法「道」的道德。

　　然而道家與道教的性質並不相同。道家是一種思想；道教卻是宗教。雖然說道教的信仰也是源出於道家對自然中「道」的崇尚觀念，但道教以道家思想理論為基礎，吸收民間神仙、鬼怪、方術的崇拜觀念，加上祭祀和巫術活動而形成。相傳道教起源於東漢末年，張陵所創的五斗米教。張陵原巴郡江州令，因仕途浮沉，辭官隱居邙山，學長生不老之道，後自創道書，自稱「太清玄元」，用符水、咒法等為百姓驅邪除病，創立了五斗米道，因入派之人，必須奉上五斗米作酬資，因而得名。由於道教主張清靜無為，修煉長生不老之術，追求解脫死亡，得道成仙，因此迎合帝皇長生不死的渴望，得到推崇，在民間以道術替人治病、驅邪趕鬼，深受老百姓的歡迎。繼後開始有不同人也用道教的形式創立各種派別，如張角的太平道，陶弘景的茅山宗、王重陽的全真派等等，從東漢開始，經過南北朝的宗教改革，逐漸演變成中國本土的宗教。儘管道家與道教本質上不同，但無可置疑的是借助道教的發展，道家思想得已廣

泛在中國流傳兩千多年，並深遠影響着中國文化。

📖 佛教思想 📖

佛教由印度迦毗羅衛國王子喬達摩‧悉達多即後世尊稱釋迦牟尼所始創的。釋迦是他的族姓，牟尼是聖賢或修行成就者的意思，釋迦牟尼的意思就是釋迦族的聖人。他生於公元前六世紀，不滿當時嚴厲的社會階級制度，深深感受世人經歷生老病死之苦難，因而出家修行，遍尋名師，希望找尋人生真理及拯救世人，幫他們脫離苦海，經過六年的艱苦修行，最終在菩提樹下頓悟，成為佛陀，佛陀是古代梵文的音譯，意思是覺悟了的人，他認為一切都是假相，都是無有，只有精神是存在的。釋迦牟尼悟道後，開始在鹿野苑傳道，廣收弟子，住世說法四十五年，八十歲時在拘屍那揭羅城附近的娑羅雙樹下圓寂。釋迦牟尼入滅即去世後，弟子將釋迦牟尼在世時的說教及其言行結集成佛教經藏傳述於世，佛教逐漸在印度廣為傳播。直到公元前三世紀時，孔雀王朝阿育王大力扶持佛教，出資幫助大量僧人到印度各地以至向鄰國波斯等地傳教。

佛教在中國的傳播大致可分為「北傳佛教」和「南傳佛教」兩支。「北傳佛教」又分成兩支，由印度經過中亞，再往中國、東北亞一帶傳播，稱為「漢傳佛教」；由印度傳至西藏稱為「藏傳佛教」。「南傳佛教」從印度開始到錫蘭島，經緬甸、印尼傳播至南亞、東南亞與中國雲南地區，稱為「南傳佛教」；雖然「北傳佛教」和「南傳佛教」都是起源自印度，但兩者從信

仰上、行為上和教義上卻不相同，「南傳佛教」比較保守，堅持遵隨佛制為旨，講求學習和實踐純正的佛法；「北傳佛教」則相對開放，容許佛教教義融合當地的文化風俗，務求將佛法弘揚，廣為渡化世人。從教義上分類，佛教又可劃分成為「大乘佛教」和「小乘佛教」。「北傳佛教」一般屬於「大乘佛教」，而「南傳佛教」就是「小乘佛教」；「乘」原指運載、運輸，在佛教教義上引申為將人渡化到涅槃彼岸的教法。「大乘佛教」主張弘揚佛法，不僅僅自己要修成正果，還要普度一切眾生，希望能證得佛果，莊嚴佛土，成就眾生，其願、行、果都比「小乘」宏大，所以名為「大乘」；相比下「小乘佛教」僅求個人解脫三界生死，出世修行，不介入，不參與社會、政治世俗事務。

有文獻記載，秦始皇與印度阿育王是同一個時代，佛教傳入中國，應該始於秦朝而盛行於漢朝，同時受到「北傳佛教」與「南傳佛教」兩者的影響，但以「北傳佛教」的影響力較大，「南傳佛教」只在雲南等地流傳，因此中國佛教傳播以「大乘佛教」為主。據說公元六四年，漢明帝夢見一個金人，金光燦爛在金鑾殿上空飛來飛去，早朝時要求太史傅毅幫他解夢，傅毅解說漢明帝所夢見的是西方的佛，漢明帝因而派遣使者前往西域訪求佛法，三年後，使者會同兩位印度高僧迦葉摩騰和竺法蘭以白馬馱經書和佛像到中國，並將部分佛經翻譯成了《四十二章經》。漢明帝在公元六八年為紀念白馬馱經，將兩位高僧所住的鴻臚寺改名為白馬寺，成為中國的第一座寺院。

到魏晉南北朝時期，政局不穩，長期戰爭，造成民不聊生，

佛教思想正好藉三世因果的報應輪回，解釋人今世的命運，是前世業力的造成，所以人需要為來世修行，種善因、得善果，通過佛教的信仰，讓人得到心靈的安慰，因此在亂世之中，佛教得以快速在中國傳播，南北朝時期北魏文帝建造了雲岡石窟，孝文帝營建了龍門石窟；北齊有寺廟四萬餘座，僧尼二百餘萬人，規模龐大。然而佛教在中國的傳播並非坦途，在北朝，北魏太武帝與北周武帝曾兩次進行滅佛運動。第一次滅佛運動直接原因是佛、道之爭，受到道士寇謙之等的影響，北魏太武帝轉奉道教，之後僧人領袖玄高、慧崇發動政變未遂，受到誅殺，此外之前朝廷禮待佛教，寺院可擁佔廣大的土地，凡加入僧籍者，可豁免各種徭役和賦稅，因而很多人藉此隱匿戶口，導致寺院人口急速膨脹，但良莠不齊，北魏太武帝發現有許多佛寺僧侶破戒、釀酒、私藏兵器、淫亂婦女等，更重要的是國家因對佛教禮待而蒙受經濟和徭役的損失，所以北魏太武帝命太子拓跋晃燒毀佛經，處決僧侶，寺廟幾近全毀；直到文成帝時才下詔恢復佛法，佛教才得以恢復。第二次滅佛在北周武帝時，為了富國強兵，採取了對佛、道二教全禁斷的措施，大規模搗毀寺廟，沒收寺廟的土地財產，強迫僧、尼、道還俗，重新編入國家戶籍。

　　相反到了南朝時期，各朝帝王皆信奉佛教，特別是南梁開國皇帝梁武帝，他在開國初期曾提出「採擷三教，咸為我用」，並歷史性地第一個提出「三教同源」於「神明」的主張，認為不管儒、釋、道三家那一家，皆以在世修行，以達到神明不滅

為最終目標；有人認為梁武帝信奉佛教是從謀略出發，希望以佛家思想籠絡民心，更可吸收大量因北朝滅佛而逃到南朝的人民；也有人認為梁武帝信佛是因受到其愛妃出賣、二子背叛的打擊，但不管什麼原因，梁武帝在中晚期篤信佛教，卻是不爭的事實，在公元五二零年，梁武帝將國號改為「普通」，意思是「佛法普遍通行」，他大量建造佛寺，四次出家並由朝廷出資贖回，梁武帝更是第一個人提倡佛教徒吃素，梁武帝發心吃長素是讀《楞伽經》時講到：「菩薩大慈大悲，不忍心吃眾生肉」而受到感動，自此開始素食，更大力鼓勵佛門吃素，以皇帝之力推行素食自然得到回應，成為中國佛教素食之始源。

　　至於隋唐年間，政治上國家南北統一，經濟繁榮，人民生活趨於穩定，文化上也出現了南北統一的新局面。從南北朝的傳播，到隋唐年間，佛教的理論更廣泛地受到士大夫之青睞，據歷史記載隋文帝由陝西馮翊般若尼寺智仙尼姑撫養長大，自小已經篤信佛教，即位後致力於佛教的傳播，大舉興建舍利塔，修築佛寺，容許老百姓出家，將佛教作為鞏固統治權的重要方針，隋煬帝也跟隨其父篤好佛教，積極推動佛教的發展，佛教日趨興盛，不僅讓佛教從周武帝滅佛的打擊中恢復，民間信佛的規模遠超南北朝時代。雖然佛教在隋朝短短三十九年時間發展迅速，但到了唐朝，佛道之爭卻更為激烈，佛教更迎來第三次滅佛事件；唐朝的開國皇帝唐高祖雖然尊奉老子李耳為其祖宗，並以道教為尊，但對其他宗教也採取包容的態度，不論佛教、道教、景教、祆教（俗稱拜火教），均容許老百姓自由信仰，

不加禁止，大唐玄奘法師西行取經，帶回多部經書後，唐太宗更為玄奘法師設立譯經院，將約一千三百多卷梵文佛經譯成漢語，使得佛學經典廣泛在中國傳播，吸引了許多有識文士鑽研佛經的理論，更將佛教教義融會貫通到中國文化之中，令佛教更為中國本土化，發展成為成立中國本土的佛教宗派，全盛時有八宗之多。直到武周時期，武則天稱帝，因曾入感業寺剃髮出家及藉助佛教之力得以稱帝，所以自即位開始就打壓道教，專崇佛教，改以佛教為當時的國教。自唐代盛極而衰後，國力日弱，到唐武宗時，同樣因為佛教的昌盛而在經濟上對國家的稅收、服役等方面做成負面影響，導致唐武宗出手敕令大量拆毀寺廟，強迫僧尼還俗，寺院財產被剝奪，經籍散佚，令佛教由盛轉弱，八宗只剩下禪宗、淨宗、密宗。禪宗之所以能流傳下來，主要是因其宗旨為教外別傳、不立文字、直指人心、標榜見性成佛相。「禪」字由梵語「禪那」翻譯而來，主張淨化心理、鍛煉智慧，捨棄文字義解，以進入諸法真相的境界，不求學習深奧的佛家經論，只要修行禪定，從內心頓悟即可達到佛性，較其他佛教宗派簡易，深入平民；密教因在西藏的傳承，遠離中土，受滅佛的影響較小，始終不衰。自唐朝以後，佛教的發展雖不及隋唐年間的興盛，但佛家的教義和思想仍然成為中國的主要思想得以流傳多年。

　　佛教對中國古代社會的意義非常重大，在動盪不斷的中國社會中，佛教起了一種穩定人心的作用，由於佛教「舍」與「空」的思想與華夏本土道、儒的「道」、與「天」的思想非常接近，

所以在佛道爭論下，道教會鑽研佛教的經典，從中藉用佛教經典之教理，編制種種經典以對抗佛教的理論。佛教為適應中國社會，也與儒家和道家的傳統思想文化相結合，在翻譯佛經當中更經常運用儒家和道家的用語和概念以解釋佛家教義，如將儒家思想中的「忠」、「孝」、「禮」、「義」、「信」加在佛教思想之中；佛教更借用了道教中的神明論和天文學，佛教因應中國的國情逐漸中國化，形成具中國特色的「漢傳佛教」。

　　因唐武宗滅佛的影響下，自唐末宋初禪宗獨盛。禪宗主張「不立文字，直指本心」，簡單直接旨在參究人生根本原理，雖與道家在人生觀上迥異，佛家視生死皆苦而道家視生樂死哀，但兩者皆從本性做起；佛、儒之間更有相容之處，佛教強調因果律與儒家的善惡共同構成中國之人生觀；最終儒、釋、道三教交融互滲，形成中國特有的思想精神。簡單而言，形成了「儒家治世、佛教治心、道教治身」的三教合一的中國文化精神。

中國文化思想精神對世界的影響

　　中國文化源遠流長，有超過四千年的歷史，自商朝開始已經有甲骨文的文字和文獻記載，文明程度高而且文化底蘊深厚，自古以來一直影響周邊地區的文化發展，包括日本、朝鮮、韓國、越南、新加坡、馬來西亞等地，因此東亞各族群在創造自己的文明文化時會採用部分漢字、儒學、律令，在生活上引入了中國的科技、漢傳佛教、科舉制度、中國文學、中國民俗等等，所以中國文化是東南亞諸國的文化源頭之一；部分東南亞國家

早期更直接使用中國文字，形成漢文字文化圈，如日本文化深受漢唐朝影響，日本在漢人渡日傳入漢字之前，只有語言並無本國文字，待漢字傳入後便使用漢字作為本國文字，直至公元八世紀中葉，日人才開始用漢字楷書的偏字，造成片假名，又用漢字草書的偏旁造為平假名，以作注漢字音，及標註日本語音之用，其後才發展自己的文字。韓國同樣受中國文化的深遠影響，公元十五世紀之前，韓國一直是中國的藩屬國，向中國進貢，與日本一樣早期只有語言沒有文字，書寫時使用中國文字，直到公元十五世紀，李氏王朝世宗大王召集集賢殿鄭麟趾、成三問、申叔舟等學士根據朝鮮語音韻結構，參考中國音韻學創製朝鮮文字母稱為「諺文」，由十一個母音和二十八個輔音組成，正式頒佈了《訓民正音》，向民眾傳授韓文，韓國才正式有自己的文字。

除周邊東南亞國家外，中國文化自秦漢時期已經通過絲綢之路，傳播遠達羅馬帝國，當時的羅馬人更熱愛中國絲綢，但畢竟路途遙遠，障礙重重，因此文化交流較小。直到公元十三世紀，蒙古帝國遠征歐洲，先後擊敗歐洲多國和神聖羅馬帝國聯軍，中國文化才逐漸為西方人所認識，為了解東方蒙古帝國的實力和政治情況，在羅馬教廷的主導下，義大利和歐洲其他一些國家，派出了一批方濟各會教士以及一些熟悉東方情況的商人前往東方，將中國的情況帶回歐洲，這些教士、旅行家、商人回國後，將其在中國的經歷寫成書籍出版，如義大利傳教士若望‧柏郎嘉賓（Giovanni da Pian del Carpine）的《蒙

古歷史》、法國國王路易九世親信盧布魯克（Guillaume de Rubruquis）的《東方遊記》、義大利傳教士鄂多立克（Odorico da Pordenone）的《東遊錄》等等，書籍在歐洲非常流行，也引起西方人對中國的興趣，視中國為東方神秘國度，但由於當時的教士、旅行家、商人基於種種原因僅僅短時間停留在中國，而且語言不通，所以對中國的了解留於片面。

直到公元十五世紀，航海技術的躍進，由葡萄牙人率先開啟了歐洲大航海時代，開拓海洋航行，開展了東西方交流的新時代，中國與歐洲之間的商貿、文化交流變得頻繁，大量探險家和商人來到中國，將絲綢、茶葉、瓷器等中國特產帶回了歐洲，令歐洲開始出現一股中國熱潮。

公元十六世紀，羅馬教會為拓展天主教會在東方的勢力，再次派遣大量傳教士遠赴中國，一方面宣傳天主教義，另一方面更重要的是希望加深對中國的認識，以制定向中國宣教的策略，所以這些傳教士進入中國後，先學習漢語，對中國的歷史與文化經籍等做深度的研究，希望通過漢語翻譯天主教教義，傳播天主教，及了解中國的制度、文化和宗教情況，其中表表者為耶穌會義大利傳教士馬泰奧‧里奇（Matteo Ricci）到中國後改漢名利瑪竇，他在明朝萬曆九年來中國，一邊努力學習中國文字和語言，更改著漢服、行儒禮、做朝官，藉以進入中國社會從而傳播天主教信仰；同時，他將中國的「儒」、「道」、「釋」的各種經典著作例如《四書》等進行翻譯送回歐洲，讓西方人開始了解中國文化，其他的傳教士也紛紛將多本中國古

代著作，翻譯成不同語言在歐洲出版，令西方國家逐漸加深對中國文化的了解，利瑪竇最後在萬曆三十八年病逝於中國北京。公元十六世紀末，羅馬教廷更下令西班牙傳教士胡安‧岡薩雷斯‧德‧門多薩（Juan González de Mendoza）廣泛搜集整理從中國帶回來的資料，彙編結集成一本全方位介紹中國的書籍，雖然門多薩從未到過中國，但在教廷的大力支持，提供所有曾到過中國的傳教士和使者向教廷彙報的使華報告、文檔、信箚、著述等等資料，最終在一五八五年出版《大中華帝國史》，該書是第一本對中國社會、文化、藝術、歷史作全面詳實介紹的著作，出版後很快在歐洲被翻譯成多種語言，風行整個歐洲，讓歐洲認識中國有重大影響。

緊接中世紀時代，先後發生的文藝復興運動和啟蒙運動，對西方造成深遠的影響，而兩場文化運動均間接或直接與中國文化有關連。公元七五零年，在唐朝年代，中國與阿拉伯國家發生了怛羅斯戰役，中國戰敗，被俘虜的大唐士兵中有懂得造紙的工匠，將造紙術先傳入阿拉伯國家，後傳到了西方；其後活字印刷術也從中國傳到德國後，傳遍整個歐洲；造紙術和印刷術的出現，推動了西方文化和知識的傳播，大大提升了人民的知識水準，促使文藝復興運動的產生，人民開始不滿受天主教教會和君主的專制統治和壓迫，試圖改變社會現狀，通過認識學習古羅馬的文化和藝術，借古諷今，以此抨擊當時僵化的社會體制，追求建立新文化和新的政府管治制度。其後在十七、十八世紀時期，受科學革命影響，人們嘗試運用科學及

理性的角度，去擺脫教會對思想的束縛，發展成日後對歐洲政治和社會體制有重大影響的啟蒙運動，啟蒙的意思是光明，即提倡用理性之光驅散黑暗，引向光明，將人民被囚禁於黑暗中的思想解放出來。從東方傳來的中國文化、思想、制度等等，正好為啟蒙運動提供寶貴而具參考價值的材料，部分啟蒙思想的哲學家，更高度讚賞中國倫理與政治一體化的治理模式，法國哲學家伏爾泰（Voltaire）非常崇拜中國和孔子，並讚賞將中國的政治體制視為最完美的政治體制，他在其《風俗論》中說：「兒子對父親尊敬，皇帝被視為老百姓的君父，這條古老的倫理和政治法則，使中國人很快就習慣於自願服從。」把幅員廣大的國家形成一個大家庭，建立成以父權為基礎的政治制度，為社會帶來和諧。法國哲學家尚-雅克·盧梭（Jean-Jacques Rousseau）讚揚中國的行政和司法，他在《論政治經濟學》中以中國為例說：「在中國，皇帝的座右銘是在每場官民爭議中務須支持人民。」法國啟蒙時代的「百科全書派」學者德尼·狄德羅（Denis Diderot）推崇中國儒家經典《四書五經》，認為孔子建立的哲學是中國人最聞名與最完善的道德和法則；法國哲學家保爾-亨利·提利·霍爾巴赫（Paul-Henri Thiry d'Holbach）一七七三年所著的《社會體系》，提出以中國的道德思想和政治體系作為建立新社會秩序的理想楷模，他認為：「中國算是世界上所知唯一將道德和政治互相結合的國家。」

其中孔子的儒家思想備受歐洲的哲學家所推崇，孔子在論語中的「己所不欲，勿施於人，己欲立而立人，己欲達而達人」

的思想更成為西方行為標準的金科玉律；十七世紀法國學者拉默特·勒瓦耶（François de la Mothe le Vayer）從義大利傳教士利瑪竇的《利瑪竇中國箚記》讀到了有關孔子思想的介紹後，他在一六四一年出版的《異教徒的德行》中，將孔子比作希臘大哲學家蘇格拉底，指出孔子的「己所不欲，勿施於人」的箴言是中國道德的精髓。十八世紀，狄德羅、伏爾泰等多位法國啟蒙思想家引用並稱頌孔子的道德哲學，例如，伏爾泰在《風俗論》《哲學辭典》等著作中多次引用《論語》中的孔子名言。他讚譽「己所不欲，勿施於人」這句箴言是不渝的法則，堪與牛頓闡發的地心引力法則相比。他認為應當「把『己所不欲，勿施於人』這條法則銘刻在每個人的心中」。

　　法國國民公會於一七八九年七月二十六日通過了共有十七條的《人權與公民權宣言》，該宣言第四條規定：「自由就是指有權從事一切無害於他人的行為，各人的自然權利的行使」。有學者認為這一條的原型就是孔子的「己所不欲，勿施於人。」美國一七七六年宣佈的《獨立宣言》第二條為：「人人獲得天賦的若干規定而不可移的權利。」起草《獨立宣言》的傑弗遜解釋說：「此段之精神得自孔子。」一九四六年，聯合國人權委員會在起草《世界人權宣言》的過程中，中國代表張彭春先生把儒學的原則、孔子的智慧中的「仁愛」、「善政」加入《世界人權宣言》中；「仁愛」體現在儒家「仁者愛人」的理念上，「仁愛」不是由「上帝」或者「理性」的層面出發，只需要從人的良心或良知出發，所以良心就是「仁愛」的代表，在《世界人

權宣言》的第一條：「人人生而自由，在尊嚴和權利上一律平等。他們賦有理性和「良心」，並應以兄弟關係的精神相對待。」就納入了「良心」以表達「仁愛」這個重要的儒家理念；孔傳：「正德以率下，利用以阜財，厚生以養民，三者和所謂善政。」「正德」、「利用」、「厚生」就是儒家「善政」的三個主要原素，即現今的政治、經濟和文化，而《世界人權宣言》的內容就包涵了這三方面達至「善政」的儒家思想的訴求。

第五章

人倫關係

雖然每一個人都是獨立個體，但人是群居動物，不能也無法獨自一人生活。

第五章
人倫關係

　　雖然每一個人都是獨立個體，但人是群居動物，從出生開始，已經與別人有互動的關係，最基本的就是父母、兄弟姐妹、和其他家族成員的關係，進一步就是鄰居、朋友和其他族群的關係，所有人是不能也無法獨自一人生活。

　　根據美國心理學家亞伯拉罕‧哈羅德‧馬斯洛（Abraham Harold Maslow）在一九四三年發表的一篇論文《人類動機的理論》中首次提出「需求層次理論」，解釋人為什麼是群體生活，馬斯洛認為人類的需求從低級的需求開始，逐級向上發展到高級層次的需求，當低級的需求獲得滿足之後，人類會往上追求高一級層次的需求，他將人類的需求層次順序排列為：生理需求、安全需求、社交需求、尊嚴需求、自我實現需求。每個人的需求均不一樣，有些人一直停留在較低層次需求，有些人很快就上升到較高的需求層次。從最基本的生理需求開始，自遠古原始時代，人類在各種動物之中相對上是缺乏謀生的本領，在奔跑速度上、在體能上、在搏鬥能力上均遠遠不如許多動物，所以人要生存，必須要依靠合作，幾個人合力，才能獵殺、打敗比他體型大而且兇殘的動物。在安全需求上，單獨生活隨時會碰到不同的危險，所以必須要群體居住，互相照顧，才能抵禦各種環境的威脅；在生理和安全需求獲得保障後，人類會從

內在轉往外向，需要向別人表達他的感受，需要與別人溝通，更進一步需要別人的認同，才能達致心理上的滿足。因此不同層次的需求均需要群體生活才能達成，所以人作為個體是生活在由不同人組成的整體之中，必須維持人與人的人際關係，必須在社會之中生活。

由於背景不同，文化根源不同，文化精神迥異，中西文化發展衍生出來的人與人之間或者是人與社會的關係大不相同。西方文化著重的是個人，人與人之間的關係以個人為中心，所以西方是人際關係；而中國文化比較看重家庭和家族的觀念，在中國習慣將這種關係稱為人倫關係。

📚 中西方的人倫關係 📚

西方文化的發源地希臘由於土地丘陵多、平原少，土地貧瘠，不利於發展農業耕作，但臨近海洋，有比較豐富的海洋性活動，因此有利於利用海洋進行商業活動，開拓海上國際貿易，加上西方的崇尚個人本位主義，自然發展出海洋商業文明，在發達的商業社會下，個人會冒險脫離家庭獨立從事貿易活動，成功與否取決於個人的才幹，與家庭、家族無關，所以西方人不依賴血緣為紐帶的人際關係組織，反而推動了獨立個體成為社會的基本單元。因此個人在經濟、社會及一切活動中獨立存在，個人的價值及重要性得到認可。

此外基督教人人平等的宗教性原則下，更促進了個人性的發展。個人實踐社會價值或道德價值乃是聽從上帝的召喚，必

須遵行上帝所規定的法則，以個人為本，注重個人的自由與權利。在西方，父母親不會將自己凌駕於子女之上，子女在父母眼中是獨立的個體，有自己的思想和選擇的權利，家庭成員之間是一種平等和獨立的關係，所以父母從小就注重培養子女獨立，具備自理和自立的能力，更鼓勵子女在成長後離開父母，建立自己的事業和組織新家庭。

在人與人之間的關係，受到基督教的契約精神所影響，人際關係是建立在平等獨立的價值觀和法律制度之上。西方的法律規定很明確，執行很嚴格，雙方的關係就依靠契約的約定，人與人之間需要遵守契約上的權力和義務，既沒有人情可言，也沒有任何彈性。所以總的而言，西方的人際關係就是由個人組成社會，家庭、家族的關係相對薄弱。

中國講求的是人倫關係，不是人際關係。人倫最早記載於《孟子‧滕文公上》，孟子說在古時，人們「逸居而無教，則近於禽獸，聖人有憂之，使契為司徒，教以人倫」，意思是古時的人僅僅是安居逸樂而不接受教育，與禽獸的行為接近，聖人因此擔心，任命契擔任司徒一職，教給人們人倫的道理。人倫是指人與人之間的關係，是建基在道德和每個人均應當遵守的規範和規矩。

與西方的文化根源不同，中國是農耕型文化，自原始社會時代，人們定居開始農耕作業時，為了抵抗猛獸的襲擊，會選擇聚眾而居，提升防禦的力量，所以中國的氏族制度從原始社會一直延續到進入文明時代和建立國家，氏族制度、血緣關係

沒有徹底解體，反而演變成為家族的制度。在夏、商、周朝時代，在共主天子的管治下，土地和人民分封給宗室和諸侯，而天子、宗室和諸侯的繼承，以血緣關係為基礎的宗法制度所規範。因此在農耕文化影響下，中國是家庭本位制，加上農耕生產方式，是人力密集型，工作量大而繁重，依靠個人的力量效率低而且難以負擔，所以在農耕型經濟模式下，個人模式較難獨立生存，需要依賴家庭或家族力量。土地田產創造出來的財富、財產是歸整個家庭共同擁有的，個人既沒有獨立的經濟權利，也沒有私自的財產權，家庭的地位代表個人的社會地位，所以形成以血緣為紐帶的家庭或家族集團，為人們生活的依託和一切活動的中心。受嚴緊和共有的宗法家族關係所約束，這就形成了中國的宗法人倫關係體制。

📚 五倫關係 📚

　　中國文化重視家庭，所以重視人倫關係，倡導人倫義務，人倫關係就是人與人之間和人與社會的關係網絡，人自出生來到這個世界上，已經無可避免墮入已經編織好的一張人倫網絡中，人的存在就是通過人倫網絡與社會連接起來，所以，儒家文化著重提倡「五倫」。「五倫」就是五種基本的人倫關係：「父子」、「君臣」、「夫婦」、「長幼」、「朋友」，孟子將這這五種關係定下了合宜的相處之道，道德的規範和秩序，每種人倫關係，均有相應的人倫義務需要自發的表現出來：「父子有親，君臣有義，夫婦有別，長幼有序，朋友有信」。儒家

認為這些關係是基本的社會關係，不能更改，毋庸置疑，也是達致社會和諧穩定的根本。

中國近代社會學家潘光旦曾經為「五倫」追本溯源作深入的考證，認為「五倫」的概念最早在春秋時代《孟子‧滕文公上》和戰國時期《中庸》已經出現，但兩者均沒有使用「五倫」這個詞語來表述這五種關係，《孟子‧滕文公上》稱為「人倫」，《中庸》將這五種關係，稱為「五達道」：「天下之達道五……君臣也，父子也，夫婦也，昆弟也，朋友之交。」「五倫」這個詞語和這五種關係的統論卻自戰國之後沒有流傳下來，自戰國到宋朝這一千三百多年間，人倫的關係或以「五典」、「五品」、「五教」、「五常」之說更為普遍，「五典」出自《尚書》，意指父義、母慈、兄友、弟恭、子孝，典、教、常等三字同義，泛指行為的準則，但這五典僅包括了五倫中的兩種關係，父母與子女和兄弟之間的人倫關係。潘光旦翻查有論述人倫關係的古籍，做了一個統計，將結果歸納分成四個時期，發現在春秋及之前大部分只提到父子與兄弟二倫；在戰國與秦時期加入了君臣關係，雖然也有提及夫婦和朋友，但相對較少；在漢代到唐代時期，又回到之前以父子和兄弟為重；到宋代之後，夫婦、君臣、朋友這三種人倫再次受到重視，五倫並舉，這一方面是由於北宋年代理學家程頤在他的《經說》裡再次提倡孟子的「五倫」說，讓「五倫」受到關注，為後世所採納有關。

南宋年代理學家朱熹在論語集注中提出「人倫日用」的觀念。「人倫日用」就是儒家思想所提出的將倫理日常化，自古

以來中國人認為世界上存在「道」，而「道」就是天道，代表現實世界之外理想的「超越世界」，在現實的「人間世界」即應該以「人倫日用」來表現，「道」既在「人倫日用」之中，「人倫日用」不能離開「道」，「人倫日用」就是在人生存之中的生活、家庭關係、人際交往和社會活動中的道德原則及規範；在不同時期，因應社會生活中各種關係的變化而有所不同，在先秦以前，剛從原始社會部落進入文明的體制，所以家庭的觀念強而國家的觀念弱，所以「五典」關注父子和兄弟二倫。到了戰國與秦時期，國家的觀念提升，君臣的關係亦受到重視，因此在人倫關係中的重要性上升，但秦的大一統國家體制基本上確定後，君權也充分樹立，所以漢朝到唐朝需要強調君臣關係的重要性再次降低。到宋代時開國皇帝宋太祖實行「重文輕武」的政治制度，對儒家思想推崇備至，藉助儒家思想中的忠義和封建倫理綱常來鞏固思想和統治基礎，因此各種人倫關係均同時並舉，「五倫」關係得以發展。南宋時期，才首次將「五倫」作名詞使用。到元末、明初，「五倫」這個詞語已漸趨通用。明初一位蒙童先生沈易編輯一本《幼學日誦五倫詩選》，把淺近通俗有關五種倫理的詩集合成書作為課蒙之用，適合於童年記誦，該書更得到明代國子監錢雲作序，讓「五倫」之說流傳更廣。事實上明朝政府對「五倫」非常推崇，明朝宣宗御編《五倫書》共六十二卷，將經書、傳記、子書、史書、嘉言和善行等材料編輯而成，詳細論述五倫的理法，於明朝英宗正統十二年出版並頒布天下，英宗更在卷首御製序文，受到朝廷的提倡，

該書風行於明代，「五倫」的概念更為普及通行。

新儒家哲學及教育家、中文大學其中一家成員書院新亞書院創辦人之一唐君毅教授在一九五一年所寫的《中國文化之精神價值》一書中，論述中國的人倫關係，他提出中國文化認為天地秩序之理有時空觀和因果觀，循環往復的時間產生時空觀，而時間是世界上最大的因果，所以將生命的先後次序作為天地人倫的標準之一，或者更為具體地說是重視直接的長幼次序，而在家庭關係中則是生命先後帶來的孝慈問題。所以知父母與子女之間的生命先後即可知尊卑，同時子女生命承繼於父母之身體，而這種血緣的紐帶會直接建立起一種固定的家庭秩序。父母是人子的因，人子是父母的果。

用另外一個角度以先天、後天和陰、陽來分析人倫關係。與生俱來的人倫關係帶有先天性，是無可選擇的「天倫」；長大後在社會中所產生與別人的各種交往關係，卻是後天的，是個人可以選擇的，將先天和後天與陰、陽的組合起來，演變出五倫關係，父母是陰陽結合而產生子女關係的先天因素，兄弟姊妹也是先天的陰陽關係，夫妻結合、朋友交往就是陰陽的後天組合關係。將人倫關係作簡單區分，天倫包括父母和兄弟姊妹的關係，君臣、夫婦、朋友屬於後天的關係，先、後天相加基本上就涵蓋了中國人倫的關係網絡的五倫觀念。

然而出自唐朝《鳴沙石室佚書-太公家教》的一句古語有云：「一日為師，終生為父」，自古尊師重道的思想受到儒家所提倡，但師生、師徒的關係卻始終沒有被納入在「五倫」之中，這不

能說師生關係在中國的社會關係網路中並不重要，相反師生的關係一直都佔有一個非常重要的地位。春秋時期，史學家左丘明編纂了一部以國分類、以語為主的國別體史書《國語》，指出：「民生於三，事之如一。父生之，師教之，君食之。」之後《荀子·禮論》記載：「天地者，生之本也；先祖者，類之本也；君師者，治之本也。」均將父、師、君三者並列為重要的儒學之義，東漢時期道教的經典《太平經》極力宣揚「天」、「地」、「君」、「父」、「師」的重要性，將「天地君親師」提升到信仰的層面，明朝開始民間開始流行崇奉「天地君親師」，普遍把它作為祭祀的牌位供奉，可見師生的關係一直沒有被輕視，但五倫中沒有把師生關係加進去，可能有幾個原因，第一、師生的關係與其他人倫關係如父子、君臣和兄弟的關係比較模糊和接近，古有尊師為父的說法，東晉道教學者、醫藥學家葛洪在《勤求》一文中明言：「明師之恩，誠為過於天地，重于父母多矣。」師生有君臣之道，正如上述「君師者，治之本也」所言；師生關係如兄弟朋友的關係在朱熹在《小學》一書裡可見，把師、弟的關係完全納入《明長幼之序》一節中，而長幼關係原從兄弟關係推廣而來，所以坊間流傳師「父」、徒「弟」與亦師亦友的說法。第二、自秦朝開始，學校由官府所辦，更禁絕私塾，推崇「以吏為師」的教育方式，自此各朝代雖然偶有放寬私塾的發展，但在中央管理的官學體制完善建立後，官辦學校佔據了社會上的主導地位，而鄉間的私塾僅提供童蒙階段的基本教育，所以師生的關係一直依附在官府之內而沒有獨立的關係。

中國節日與人倫關係

中國傳統節日是中國文化的一個重要組成部分，是一個民族或國家經過長期的多種社會文化因素潤澤滲透，加上宗教活動的影響，文化和歷史積澱凝聚所形成的。傳統的節日不僅與中國人的生活、作息、習俗有非常緊密的聯繫，也是與人倫關係息息相關。從文獻上記載，節日的來源最早可以追溯自遠古，作為農耕文化為主的國家，農獲收成是依靠上天和祖先的恩賜，所以先民基於原始的信仰下，古老節日多數形成於古人擇日祭祀的傳統，在農耕伊始向天地和祖先祈求豐收，在耕種季節過後，也需要擇日感謝天地神靈賜與豐收，所以節日的起源和發展，與天文、曆法、節氣息息相關，節是時間段落，先民選定一些有意義的節氣的一天來舉行社會文化活動，將當天定為節日，因此大部分傳統節日均起源自節氣，如春節、清明節等等。

中國的二十四節氣是古代中國人為方便安排農耕時間，從觀察太陽周年運行而形成的一種標準陽曆曆法系統，將一年劃分為二十四個氣節，每個氣節相距十五天，分別為立春、雨水、驚蟄、春分、清明、穀雨、立夏、小滿、芒種、夏至、小暑、大暑、立秋、處暑、白露、秋分、寒露、霜降、立冬、小雪、大雪、冬至、小寒、大寒。為了容易背誦，編出了一首節氣歌：

「春雨驚春清谷天，夏滿芒夏暑相連，秋處露秋寒霜降，冬雪雪冬小大寒。」

據史籍記載早在春秋時期已經有四季的區分，戰國時期《尚

書》和《夏小正》已經有記錄將一年劃分為二十四個節氣，經過不斷改良與完善；到秦漢時代基本上，二十四節氣已完全確立，而中國傳統的節日隨著節氣的發展開始普及起來，到了漢代基於國家的統一，政治經濟、文化思想得以全面發展，傳統節日文化逐步形成與發展。《禮記》中的《月令》篇就曾對當時的漢朝的節日文化進行記錄、整理和研究。受歷史的淘洗，社會的文化、生活變動，每個朝代的傳統節日不斷有更改和變動，根據宋代陳元靚《歲時廣記》記載當時的節日計有元旦、立春、上元、正月晦、中和節、二社日、寒食、清明、上巳、佛日、端午、朝節、三伏節、立秋、七夕、中元、中秋、重九、小春、下元、冬至、臘日、交年節、歲除等二十四個節日，由此可見宋代大部分節日仍然與節氣重疊，說明節日與節氣有很緊密的關連。到了今天，根據從古時由朝廷負責天文曆法的官署按朝廷的命令每年編制流傳下來的曆書，即現今的《通勝》載錄，每年有九個主要節日，包括：春節、元宵、清明、端午、七夕、中元（盂蘭節）、中秋、重陽、冬至，雖然有部分節日仍然與節氣相關，但關連度相對較少。

　　有學者將中國傳統節日分成四大類：農業耕作、宗教祭祀、人倫孝悌、驅瘟避邪。隨著歷史和時間的洗禮，中國的傳統節日受社會和文化的影響逐步演變，有新的節日加添，部分原有的節日慢慢退出，也有些節日整合在一起，更有些節日加入新的傳說和元素，流傳下來的中國傳統節日，逐漸變得與社會人倫有更密切的關係。畢竟在慶祝節日當中，自然與親人歡度佳

節，而節日正好是人倫相聚的最好時機，就如春節，中國人自遠古已經有慶祝春節的傳統，原本是因應農業耕作，以祭祀天地為目的，春節作為新一年的第一天，春回大地，終而復始，萬象更新，所以人民需要祭祀祖宗和上天，祈求新一年可以風調雨順、無災無禍、收成興旺，也是預告冬天將要過去，春天馬上來臨，需要為新的一年的農耕生產作準備，到了今天，春節就變成是家人團聚，互相共度新歲的節日。

　　民初學者聞一多和近代學者對端午節進行考證，認為端午節的起源是驅瘟避邪為目的，並非為紀念屈原，早在遠古時期，便將五月視為「惡月」，《禮記·月令》記載：「是月也，日長至，陰陽爭，死生分。君子齋戒，處必掩身，勿躁，止聲色，毋或進，薄滋味，毋致和，節欲，定心氣。」因為在五月夏至過後，逐漸日短夜長，古代人民相信代表陰勝陽，而且夏天酷暑難耐，蛇蟲出沒，暑毒盛行，惡劣天氣更影響農作物生長，需要將端午定為節日，提醒人民除瘟辟邪。事實上經過考證，端午的兩項風俗也和屈原無關，聞一多在《端午考》中指出，早在遠古，南方吳越民族以龍為圖騰製造龍舟，在每年農曆五月初五這一天，舉行一次盛大的龍舟競渡作為祭天的活動。在端午節食「角黍」即現今「粽」的風俗，早在《呂氏春秋·仲夏紀》、晉朝的《風土記》、北魏的《齊民要術》已經有提到，但卻沒有提及以「角黍」紀念屈原，黍的別名是「火穀」，所以取其火有陽性的意思；北方通常用蘆葦葉作為粽葉，而蘆葦葉生長在水裡，被認為是水性屬陰，用陰性的粽葉包裹陽性的黍造成的粽子，取的

是水火共濟、陰陽調和的意思，適合端午祭祀天地的物品，同時蘆葦葉有清熱生津、除煩止嘔、解毒消腫、治療溫病的功能，有助在春夏交替預防疾病之用。

從文獻發現最早將端午節聯繫起來紀念屈原的是南北朝時代南梁吳均所寫的神話志怪小說《續齊諧記》，由於距離屈原逝世已超過七百多年，幾可肯定端午並非起源於屈原，雖然如此，但屈原在端午節當天抱石投汨羅江自盡，後人有感屈原的愛國精神和感人詩詞，加上忠心愛國的行為和表現為皇帝所欣賞，所以端午節逐漸演變為紀念屈原為主導，讓節日加上君臣之義的人倫關係。

隨著歷史歲月的推移，今天中國傳統節日已經加上新的意義。春節、元宵、中秋和冬至成為一家團圓的日子；清明、中元和重陽是慎終追遠，祭祀祖宗和先人的日子；端午節是紀念屈原，忠君愛國的意義；七夕是紀念每年農曆七月七日牛郎與織女在鵲橋相會的日子，是傳頌千古流傳的愛情故事，表達重視對夫婦之間的關係，所有中國的節日幾乎與人倫都扯上了關係。反觀西方的節日，主要是新年、復活節和聖誕節。復活節是紀念耶穌為世人贖罪被釘十字架後三天復活；聖誕節是紀念耶穌作為救世主基督在伯利恆誕生拯救罪人，這兩個節日都與宗教有關。中國傳統節日以人倫社會關係為重心，而西方的節日卻與宗教相關，由此可見，中國文化與西方文化的不同對社會關係的影響也不相同。

第六章

中國政治體制

國家的形態受文化和生活的因素影響，中國統一性和西方多源性的國家形式也不相同，自然政府和政治體制也存在差異和分別。

第六章
中國政治體制

　　不管是中國還是西方，追尋國家的起源，是目前歷史研究學的一個難題，因為沒有可靠的證據，能證實國家是如何形成的。用現代的概念，國家就是在一定領土範圍內的人群所組成的共同體，要將國家的定義再深化，國家的構成需要具備四個要素：人民、領土、政府和主權獨立。按照這個基本定義，中國最早具備國家的雛形應該在夏朝時代。遠在新石器時期，黃河流域中原地區已經出現部落聚居，部落之間經過戰爭和結盟後，共同推選共主，開始形成有國家的模式；根據中國古老傳說，黃帝打敗蚩尤成為中華民族的共主，黃帝的孫子顓頊和玄孫帝嚳，受推舉繼續擔任部落聯盟的共主；其後帝嚳的兒子帝堯繼位，但帝堯認為自己的兒子沒有才德，經過部落間的推舉，將共主之位傳給帝舜，開創禪讓制度，帝舜在位時，黃河洪水氾濫，最終由禹採用疏導的方法成功治水，因此帝舜禪讓共主之位與禹，禹傳位於兒子啟，啟廢除了傳統的禪讓制度，由子嗣繼承帝位，開創中國近四千年世襲朝代的體制，古籍記載夏代共傳十四朝，十七個王延續四百七十年，為中國傳統歷史的第一個王朝，雖然有歷史學者質疑，夏朝仍然是部落聯盟的共主制度，認為中國第一個以國家模式出現的應該是秦朝，但事實上，夏朝廢除了禪讓制度轉為世襲的王朝，即打破了部落聯

盟推選共主的禪讓制度，儘管部落也許仍然存在，但已經出現長期穩定統一的統治階層，集中管理整個國家的事務，具備原始政府組織的雛形；《史記‧夏本紀》記載：「禹於是遂即天子位，南面朝天下，國號曰夏後，姓姒氏。」這是中國第一個出現國號的朝代，也是獨立主權的代表；據《尚書‧禹貢》記載，大禹治水成功後，採用行政區域制，將國家劃分成冀、兗、青、徐、豫、揚、荊、梁、雍等九個州，又從九州攫取金屬石礦，鑄造九鼎作為國家權利的象徵，顯示夏朝明顯有領土的概念；因此夏朝的建立具備了現代國家定義中的人民、領土、政府和主權的元素。

考古學界對夏朝是否存在一直有爭議，因為自今仍沒有發掘出任何證明夏朝存在的直接證據，也沒有發現夏朝流傳下來的文字，同樣今天也沒有人能提出具體的證據，證明商朝之前不存在夏王朝，而且有不少古籍曾經提及夏朝的歷史，如西漢漢武帝時期司馬遷編寫的《史記‧夏本紀》明確記載夏朝詳細的傳世歷史，西晉武帝時期在汲郡（今河南省衛輝市）古墓出土整理的戰國竹簡《竹書紀年》，也有夏朝的朝代歷史記載；此外自一九五九年開始，根據古代典籍對夏代的記載，在河南二里頭發掘出疑似夏墟的遺址，考古學家證實，該遺址的年代，處於公元前一千八百年到公元前一千五百年之間，正好與夏朝的存在年份接近，該遺址出土有宮殿區、聚居住區、祭祀區、墓葬群，並有大量的陶器、銅器、玉石器、漆器等等，證明該遺址存在一座精心規劃、龐大有序、史無前例的王朝大都，可

惜在遺址上，仍然未能出土帶有文字記錄，證明是那個朝代的文物，雖然未能證明是否夏朝的遺址，但從年代、遺址的地理位置、出土的器物考證，與夏朝的文化特徵高度吻合，夏朝的存在也許有待未來考古的考證。

相比之下，西方考古學家根據考古發現，證實世界上最早建立的國家，就是位於美索不達米亞平原。蘇美爾地區出現的十二個獨立城邦國家，約在公元前三千五百年左右，比中國夏朝還要早約一千五百年，在今天的伊拉克境內，其中一個城邦國家烏魯克，位於美索不達米亞南部幼發拉底河下游右岸，面積約一千一百英畝，人口約五萬人，懂得製造銅器和陶器，修建了巨大的塔形建築物，創立楔形文字，利用尖頭的筆書寫在泥板上作為記錄。當今考古發掘出來的泥板書足足有十萬篇以上，內容非常豐富，從法律、百科全書、數學、天文學、醫學、信件、菜譜到詩篇，幾乎包羅萬有，比古巴比倫王國早約一千年，近代更出現突破，將烏魯克國第三個皇朝的國王吉爾伽美什所寫的人類史上第一部文學作品《吉爾伽美什史詩》作出翻譯，該作品記述了吉爾伽美什尋找長生的奇異經歷。可惜蘇美爾地區各城邦，在公元前二千四百多年為爭奪霸主之位而互相征戰，最終被外族閃米特人征服而被融合，導致滅亡。

西方的主要文化發源地希臘，最早在公元前八世紀，在各個氏族村落的基礎上，相繼發展出個別獨立的城邦國。大大小小合共有二百多個城邦國家，各自擁有軍隊和政府，每個城邦的面積和人口規模卻差距很大，以不同的政治制度管理，其中

最大的兩個城邦為雅典和斯巴達，斯巴達的面積大約是雅典的三倍，人口相約。根據十九世紀學者的推算，認為雅典和斯巴達在高峰時期，兩地人口各自約四十萬左右，但近代學者推翻之前學者的估算，普遍認為基於人口密度和糧食供應狀況，合理的人口推算最多只有約三到四萬人左右，到今天雅典和斯巴達的人口數目仍然未能確定。政治制度上，斯巴達奉行君主制，統治權集中在國王手中，而雅典則實行民主制度。

希臘地區的城邦國家經過多年不斷發展，在商業和殖民事業上取得重大成績，招來波斯人的嫉妒。在公元前五世紀，波斯發起戰爭入侵希臘，斯巴達與雅典聯手對抗擊敗波斯軍隊，但戰爭結束後，雅典為防範波斯人的再次入侵，聯合小亞細亞西岸及愛琴海上各個希臘城邦，以雅典為首，建立總部在提洛島上，以海軍為主的防禦性聯盟，稱為「提洛同盟」。斯巴達為抗衡雅典強大的軍事力量，與伯羅奔尼撒半島上的城邦組成「伯羅奔尼撒同盟」，雙方在公元前四三一年爆發伯羅奔尼撒戰爭，持續約二十多年，斯巴達借助波斯的力量，擊敗雅典，控制希臘，但斯巴達也因此元氣大傷，短時間內，各個希臘城邦之間又持續爭戰不斷，最終北方馬其頓王國崛起，於公元前三三八年大部份希臘城邦臣服於馬其頓的霸權。

中國和西方國家的起源和模式有明顯的不同之處，這可能與不同文化和生活習慣差異有關，西方是多源性文化，在海洋、商業文化的特質和狩獵、競爭的生活方式下，各部落聚族而居，但部落之間相對獨立，無需太多的連結，因而逐漸形成細小而

獨立的城邦或者邦國，所以西方的國家是分散式；中國以農立國，在農耕文化和講求宗族人倫關係的生活下，加上統一性的文化特質，人與人之間在生活上需要互相支援，沒有競爭反而關係緊密，所以部落逐步結盟發展，形成統一而強大的國家；事實上文化不僅僅影響國家的起源，也影響到國家的發展形態，綜觀中國和西方的國家發展歷史，可以看到中國始終是以統一的國家形式存在，雖然中間也出現過分裂，但統一是常態；而西方國家統一的時間少，分散的時間多，到今天在歐洲大陸上仍然存在許多不同的國家，因此西方國家分散是常態。有人也許認為西方多民族的存在，所以形成不同的國家，然而今天中國也是由五十六個民族所組成，民族的多寡不應該是國家的統一還是分散的決定因素。

　　自從國家的出現就產生了制度，政治制度和其他社會制度，如經濟制度、文化制度、教育制度等，要維持這些制度就需要建立政府，作為統治或管治階級約束被統治階級。既然國家的形態受文化和生活的因素影響，中國統一性和西方多源性的國家形式也不相同，自然政府和政治的體制也存在差異和分別。

中國政治體制 - 西方的角度

　　十七、十八世紀因應資本階層的崛起，科學革命的影響，西方啟蒙運動緊隨文藝復興時期而興起，哲學家和思想家試圖以理性的角度，探索改革現有的政治體制，藉此爭取擺脫專制統治和天主教會壓迫，構想重新建立理想的政治和社會制度，

中國的政治體制自然成為各啟蒙哲學家研究的對象。十八世紀初期，以伏爾泰為首的哲學家仍然支持君主制和貴族制，希望通過改革當時的君主制度，讓君主制更加合理和完善，所以中國的君主制度加上龐大的官僚體制配合儒家思想的道德價值觀念，正好成為哲學家心目中理想的國度和政治體制，因此對中國的政治體制推崇備至。自十八世紀中葉之後，西方社會從推崇和傾慕中國的政體和道德思想，突然轉變成鄙視中國，主要有三大原因，第一、啟蒙哲學家從支持君主體制改為對貴族和君主制度反感，反對王權過度集中和權力強大，認為社會上不同階層、資本家、貴族、君主等等，應該有制衡的機制，自然反對中國的君主制度；第二、初期中國政治體制的資料大多從天主教會所得，教會一直與君主有緊密的關係，君主的權利和統治地位皆由教會以神的名義授予，啟蒙運動除了要反對君主、貴族制度外，教會是另一個攻擊的對象，當然反對教會推崇的中國君主體制；第三、長久以來，西方一直奉行「西方中心主義」，認為無論在哲學、文學和科學上，西方均優勝於其他國家，在剛接觸中國的東方事物時，短時間內會有嚮往的想法，但「西方中心主義」始終為西方人所普遍接受和支持，因而逐漸輕視和批評中國，重新回到「西方中心主義」為上的主流思想。

與伏爾泰一同被譽為法國啟蒙運動三劍客的另一位法國哲學家查理‧路易‧孟德斯鳩（Charles de Secondat, Baron de Montesquieu）正是當時批判中國的代表人物，孟德斯鳩質疑中國人並非如伏爾泰所描述的享有真正的自由，中國人的法律根

本不理性，僅僅建基於威權，中國的科舉制度不僅不能讓道德精神持續發展，反而可能會令中國道德墮落。孟德斯鳩花了接近二十年的時間研究、思考而編寫成《論法的精神》，從政治與社會道德角度分析政治行為，探討法律和法律的精神的一般概念，以及法律和政體性質與原則的關係。孟德斯鳩在書中論述了君主體制、共和體制和專制體制三種國家體制的原理和後果，認為：「共和政體是全體人民或僅僅一部分人民握有最高權力的政體。君主政體是由單獨一個人執政，不過遵照固定和確立的法律。專制政體是既無法律，又無規章，單獨一個人按照一己的意志與反復無常的性情領導一切」。

孟德斯鳩更批評中國的皇帝集政權、教權於一身，皇帝的意志便是法律，臣民的生死全在皇帝的一念之間。鑒於皇帝的最大願望是國祚永續，因而對於可能任何危及其統治的言行，一律嚴加鎮壓，動輒以「大逆罪」的罪名處置有「非分」之舉的臣民，因此他把中國的政體定性為專制政體。

孟德斯鳩提出雖然中國是擁有數千年文明史的禮儀之邦，以仁為本的儒家學說早已融入整個民族的精神之中，但中國的皇帝並非不是專制君主，因為中國是「人治」不是「法治」，所以，他提出為防止權力濫用，不能只靠倫理道德，必須依靠分權機制。他在同是啟蒙時代英國哲學家約翰・洛克（John Locke）在其《政府論》中所提出國家的三種權利：立法、行政和對外權的基礎上，詳細闡述和提倡政府應該實行「權力分置」。孟德斯鳩在書中反復解釋，國家的多種權力不能集中於

少數人或者一個機構手中，必須要合理分開，配置於不同的機構，以防止出現專權的情況。《論法的精神》自清末民初從海外傳到中國被翻譯成為中譯本時，已經將法文原文 séparation des pouvoirs 即「權力分置」翻譯為「三權分立」，儘管字意相近，但實際意思卻有明顯的分別。孟德斯鳩在書中指出一個國家應該有三種權力：立法權力、有關國際法事項的行政權力、有關民政法規事項的司法權力；唯有權力之間互相約束和互相制衡，才能保障公民的政治自由，因此必須合理配置政府的權力，不能讓任何一個機構擁有超過一種權力。任何一種權力機構也不能超越它行使的權力範圍，而且三權之間並不是對立或者獨立，所以「權力分置」的重點是將政府的權力分置後，既互相約束、制衡，也互相合作、協調，才能在確保公民的自由和權力，最終目標是令人民支持國家，讓國家強大。需要明白孟德斯鳩當時所處的是君主專政的時代，因此他多次強調是合理分配、配置權力，提出「權力分置」的重點和目的，是希望將集中在君主手上的權力分置而不是讓權力獨立。

總的來說，孟德斯鳩的筆下，中國從伏爾泰口中，君主輔以龐大官僚和高尚的道德觀念的理想國家和政治體制，變成君主專制。皇帝以威權加上嚴峻的刑法統治人民，法律隨著皇帝的喜好而改變，人民的所有財產都屬於皇帝的，連基本的自由也沒有，女性在中國更毫無地位，成為家庭的奴僕，在道德的教條之下，固步自封。中國從來沒有進步，停滯於君主專制社會中，究其原因是受中國落後而專制的政治體制所造成！而自

孟德斯鳩之後，西方社會開始貶低中國、中華民族、中國的政治體制！

　　不難理解孟德斯鳩擁護共和體制的立場與中國君主體制正好對立，所以孟德斯鳩帶有偏見而對中國的政治體制妄加批評自有他的原因，為支持他的論據，在《論法的精神》書中，孟德斯鳩花了很多的篇幅，批評和描述中國的風俗和生活方式，內容相當偏頗，試圖將中國文化和體制全盤否定。翻查歷史，發現原來孟德斯鳩獲得有關中國的知識，除了查閱大量流傳在歐洲的中國資料外，還有在年輕時與一名隨法國傳教士先到羅馬後定居巴黎的中國人黃嘉略在多次深入的會面後，所取得的許多有關中國的所謂真相和一手資料。黃嘉略祖籍福建，生於康熙年間江蘇興化，受父親的影響自出生已受洗信奉天主教，並從小由教會撫養長大，主要學習拉丁文、中國典籍、基督教義；十六歲後回到家鄉福建，因緣際會在二十三歲當年隨傳教士遠赴歐洲並定居巴黎。孟德斯鳩對從黃嘉略所取得中國的認識和資料非常重視，深受他的影響，在《論法的精神》書中更六次直接引述與黃嘉略的談話內容，然而仔細分析下，卻發現孟德斯鳩從黃嘉略處所獲得的資料的可靠性和真實性，存有頗多疑問並值得商榷。黃嘉略少年時，跟隨傳教士學習拉丁語和基督教義，同時啟蒙於旅居江蘇淮安福建舉人江為標學習中國傳統教育，自十六歲時已回福建，以中文的深奧晦澀，相信黃嘉略的中文根基比較薄弱；此外黃嘉略在二十三歲已離開中國遠赴歐洲，他對中國國情和文化的了解估計也相當有限。黃嘉略出

生到長大的時間正在康熙年間，是滿清順治入關後的第二位皇帝時期，由於滿族與漢族的人口比例差距極大，以外族統治中國，所以清朝初期一直懷柔高壓政策並施，興文字獄、摧殘士紳、薙髮易服。在平定江南地區時，當遇到漢人反抗，必進行血腥屠殺，被殺漢人無數，「揚州十日」、「嘉定三屠」、金華、嘉慶、江陰、松江等地，無一倖免，黃嘉略作為漢人在江浙地區長大，對清廷和清朝皇帝的痛恨可想而知。當孟德斯鳩向黃嘉略了解中國的情況時，特別是政府體制，自然錯漏百出、以偏概全。緊隨孟德斯鳩以後，德國哲學家黑格爾更進一步將中國描述為由專制皇帝主宰的國家，歐洲逐步發展出貶抑中國過去文明價值的普遍思想。

📚 中國的皇帝制度 📚

中國的政治體制自有國家的體制開始，即自夏朝開始，已實行共主即「天子」輔以朝廷百官所組成的龐大官僚架構的協助下統治國家。根據甲骨文的考證，天子的概念早在商朝已經存在，古人在天人合一的思想下，認為中國乃天下之中，管理中國的統治者是「受天命而立」，是上天指派和授權的人，稱為「天子」，即是上天的兒子，上天讓「天子」降生于人間，奉上天的旨意，將統治天下的權力交由「天子」去行使天命，周朝開始「天子」成為共主正式名號，其他的國君，僅以王自居；直到秦始皇伊始，自詡一統中國的豐功偉績，德兼「三皇」、功過「五帝」，前無古人，後無來者，因而創立「皇帝」的稱號，

彰顯自己的尊貴身份，自稱「始皇帝」，規定後世為「二世皇帝」、「三世皇帝」等等，千秋萬代，後來秦朝雖然被滅亡了，但漢朝承襲了秦朝的國家制度並加以鞏固，漢朝君主亦以「皇帝」的稱號流傳自居，中國後世儘管朝代更替，王朝的最高統治者仍然沿用「皇帝」的稱號，直到中國最後一位皇帝，清朝的末代皇帝溥儀。

雖然西方也有「皇帝」的稱號，但「皇帝」在拉丁文中最早是「將軍」、「軍事統帥」的意思，西方「皇帝」的稱號均繼承自羅馬帝國的首任「皇帝」屋大維，事實上自公元前五零九年，最後一位羅馬國王被推翻成立羅馬共和國後，國家由執政官、元老院及人民大會三權分立而統治。羅馬人抗拒王政復辟及厭惡獨裁者，所以皇帝的原文「imperiator」或英文「emperor」只有大元帥的意思，屋大維很少使用皇帝的稱號，反而喜歡採用「奧古斯都」或「凱撒」等稱謂。直到發生「三世紀危機」，戴克裡先大帝重新統一羅馬並恢復君主制後，戴克裡先及以後的羅馬統治者才開始稱為皇帝。由於歐洲人的觀念上只有歐洲區內的霸主，並得到教皇的認可和替其加冕，才配得上用皇帝的封號，所以西方歷史上能稱為皇帝的，除了羅馬帝國的統治者之外，寥寥可數，只有神聖羅馬帝國的統治者、法蘭克國王查理在羅馬大教堂接受了教皇的加冕，教皇宣佈他為「羅馬人皇帝」；德意志民族的神聖羅馬帝國奧托大帝；法國的拿破崙從神聖羅馬帝國手中搶奪皇帝的頭銜；普魯士王威廉再從法國人手中搶回皇帝的封號。所以原則上只有繼承了羅

馬帝國體系，成為歐洲世界的共主，才可以稱為「皇帝」；而歐洲國家的君主只可以稱為「國王」，意思是指一個國家世襲專制的君主。

歷史上，中世紀歐洲大多數時期，仍然沿用封建主義體制。在公元五到十三世紀，西方貴族們認為自己是貴族體系中的一員，皇帝或國王僅是最大的貴族而已，所以國王和臣屬之間是一種契約關係。國王是貴族中的一員，要通過某種貴族會議共掌權力；國王只能在王室領地內行使權力，在此範圍之外，由各個封建領主全權管理。中國近代啟蒙思想家及復旦大學、京師大學堂校長嚴復翻譯《社會通詮》時說：「西國之王者，其事專於作君而已；而中國帝王，作君而外，兼以作師，……下至守宰，皆以其身兼天、地、君、親、師之眾責。歐洲體系內有天主教教皇，而君主沒有君以外的職責，帝王也主要是帶兵打仗的將軍；將其等同於皇帝這一做法，若放在中國文明之中，即是將一個武將跟遠在其上的皇帝比附。」

由此可見，中國的皇帝和西方的皇帝本質上是不同的。中國的皇帝是天命所歸的，世代傳承，本身就是得到上天的授權，所以中國古代君權的確立，從來是跟宗教沒什麼關係；反觀西方，君權神授，在登基時必須由教皇加冕，才具備合法性稱為皇帝。所以拿破崙恢復法蘭西帝國成為皇帝時，特別將教皇召到巴黎替他加冕，才可名正言順稱為皇帝；此外西方的皇帝帶有虛銜的意味，皇帝只是歐洲的共主或者霸主，皇帝之下仍然存在不同的國家，每個國家還有國王，國家的管治在國王和貴

族的手上，這與中國的情況截然相同，在秦朝統一中國之後，皇帝的統治是全面的，皇帝之下沒有國王，就算在封建制度下有諸侯，但仍然需要聽命於皇帝。

皇帝作為中國政治制度的權力核心，在過去曾經是高高在上，受人民的尊重和敬畏，掌握著全國臣民生殺大權，但自民國初年新文化運動開始，皇帝卻一直被受批評，認為是導致中國落後、國力薄弱和受外國欺侮的原因。不管對皇帝制度的評價是對還是錯，是好還是壞，這的的確確曾經是中國歷史上主流的政治制度，直到今天，已經成為歷史，但仍然值得深入了解和客觀分析，因為當中會發現許多值得思考的地方。

從公元前二二一年秦王嬴政一統天下之後，中國的統治者開始稱為「皇帝」，一直到一九一二年中國歷史上的最後一位封建皇帝溥儀在辛亥革命下被推翻，成功退位為止，如果將曾經在中國土地上稱過「皇帝」的都包括在內，中國歷史上一共經歷了八十三個王朝，歷時二千一百三十二年，合共有四百零八位「皇帝」。考證皇帝的壽命，從年齡分類，十歲以下的小皇帝有二十九位，十到十九歲的有二十八位，二十到二十九歲的有五十位，三十到三十九歲的有六十二位，四十到四十九歲的有五十五位，加起來合共有二百二十四位；五十歲到五十九歲的有一百三十一位，超過六十歲的就只有五十三位，以數量計算好像皇帝的歲數群組最多是五十歲到五十九歲整個群組，但從另一個角度來看，超過五十歲以上的皇帝實際上卻少於一半，歷史上最長壽的皇帝是南越國武帝趙佗，據《史記·南越

尉佗列傳》記載，趙佗的歲數高達一百零三歲，如果認為趙佗
位處偏遠的南越地區而且屬於地方割據而不考慮，中國最長壽
的皇帝當推清朝的乾隆皇帝，享年八十九歲。南北朝時代的梁
武帝蕭衍的歲數也達八十三歲，如非被軟禁餓死，可能更長。
中國歷史上唯一正統的女皇帝，武則天也排名第三，歲數達
八十二歲。但真實的情況是，據非正式的統計，皇帝的平均年
齡僅為三十九歲！比歷史人口學家推算中國古代人口平均壽命
約五十七歲少足足十八歲，皇帝的平均壽命較短當然有許多不
同原因，但相信與激烈的宮廷爭鬥、工作繁重和壓力大不無關
係。

　　換一個角度來了解皇帝的在位時間，發現在位時間不超
過十年的皇帝居然超過半數，有二百四十四位之多，在位十到
二十年的也有一百零三位，在位時間超過二十年的有三十一位，
在位時間超過 三十年的只有十九位，超過四十年的僅有十一位，
皇帝的平均在位時間據不完整的統計僅為五年。其中在位時間
最長的是清朝的康熙皇帝，在位六十一年，其孫子乾隆皇帝也
在位六十年，漢武帝和西夏仁宗都是五十四年；在位時間最短
的是金末帝完顏承麟，從登基到駕崩僅有半天時間。

　　自皇帝的制度形成後，基本上每個朝代，皇帝的主要工作
就是上早朝，無論年幼還是年長，自春秋時代已經形成早朝的
慣例，皇帝朝會定為卯時，約早上五時到七時開始，朝會上大
臣向皇帝報告政務，皇帝則提出問題或者做出答覆，如果沒有
特別的事情，一般到約十一時才退朝，倘遇上天災人禍、戰爭

動亂等重大事件，早朝的時間可能更長，甚至到午飯後還繼續與各大臣討論；一般情況，在朝會和午飯後，皇帝需要到書房批閱奏章，包括審閱批改在早朝上擬定的事項或者官員以上書奏章的方法向皇帝請示的奏章，如果奏章較少，皇帝也要在書房內讀書至下午五時晚飯後才完成一天的工作，碰上奏章較多或者特發緊急事情，在晚飯後還要繼續直到完成所有工作才能結束，皇帝一天平均也要工作最少十到十二個小時。

事實上皇帝批閱奏章是一項非常繁重的工作，習慣上不管奏章內容如何，皇帝均需要作出批閱，以表達皇帝對國家大事和大臣的愛戴和尊重。《史記‧秦始皇本紀》曾記載有關秦始帝批閱奏章的數量：「天下之事無小大皆決於上，上至以衡石量書」，秦朝時奏章是以竹簡書寫的，一石約 30 公斤，以每簡三十八字計算，足足有約三十萬字，這個當然有誇大之嫌，但也可說明秦始皇批閱奏章的數量也不少。《明實錄》記載明朝開國皇帝朱元璋每天都要批閱二百多件以上的公文，處理五百多件大小事情；《嘯亭雜錄》記載清朝入主中國後的第三個皇帝雍正曾言：「各省文武官員之奏摺，一日之間，嘗至二三十件，多或至五六十件不等，皆朕親自覽閱批發。」根據清史記載，雍正在位十二年零八個月，他用漢字硃批的奏章超過三萬五千件，用滿文硃批的超過六千六百件，合共超過四萬一千件之多，而且雍正皇帝的硃批一點也不隨便，有的奏摺上雍正皇帝的硃批竟比奏章內容還多，竟有一千多字。根據統計，雍正皇帝曾經作出的漢字硃批總共一千多萬字。如果與現代武俠小說大家

筆名金庸的查良鏞先生比較，查先生用了十七年合共寫了十五部武俠小說，總字數才八百多萬字，如果雍正皇帝將硃批所寫的字用來寫武俠小說，可能比金庸的產量還要多。

當然不是每個中國皇帝也像雍正皇帝那樣勤勉，也有如明朝第十四位皇帝萬曆，在位四十八年中有連續二十八年，以「足心疼痛、步履艱難」原因，沒有上早朝，連午朝、經筵、祭天、敬祖等等活動也不出席，一直被批評為最怠政的皇帝。一九五六年，中國近代文學家郭沫若連同考古專家對萬曆皇帝的明定陵進行科學發掘後，打開萬曆皇帝的梓棺，發現萬曆皇帝的兩條腿不一樣長，右腿明顯呈扭曲狀，顯示生前患有嚴重的足疾，所以無法上朝，並非如坊間所言沉迷飲酒而怠政，總算還萬曆皇帝一個公道！綜合以上皇帝的生活和工作資料分析，說明當皇帝也不容易，工作時間長、工作繁重、壓力大，平均壽命比普通人還短，怪不得在《莊子•逍遙遊》中記載堯帝想將天下禪讓於許由，許由推卻道：「歸休乎君，予無所用天下為！」表明得到天下沒有什麼用，可能許由早已明白當皇帝的難處。

📚 中國的官僚制度 📚

秦朝以前，採用分封制度，天子將土地分封與各有血緣關係的親屬子弟和有戰功的將領大臣，成為各領一方的諸侯，擁有實權和土地財產權，承擔為拱護天子君權統治的責任，與西方的貴族制度接近。自秦朝統一中國之後，廢除分封制度，建立以中央控制地方郡縣的體制，實行中央集權統治，以皇帝為

管治的權力核心，建立中國第一個官僚政府的三公九卿體制，以協助皇帝施政。三公為丞相、太尉和御史大夫，丞相為國家最高級的官員，統領百官，協助皇帝處理政事；太尉主管軍事，御史大夫作為丞相的助手，負責監察整個政府官僚架構；三公之下設九卿：奉常主管宗廟禮儀和教育事務、郎中令主管宮廷警衛、衛尉主管宮門屯衛、太僕主管宮廷輿馬、廷尉主管司法、典客主管少數民族及外交事務、宗正主管皇室事務、治粟內史主管國家財政、少府主管皇室財政。自秦朝確立中央集權官僚體制輔助皇帝統治天下，後世不管朝代如何更替，仍然沿用相似的體制，僅在名稱上、架構上或權力分工上稍作調整。漢朝跟隨秦朝的體制，唐朝時設三省六部制，中書省、門下省和尚書省三省，尚書省設吏、戶、禮、兵、刑、工六部；宋朝時設二府制，中書門下和樞密院分管文武事宜，尚書、門下兩省仍然存在，但權力下降；明朝初期沿襲舊制，設中書省為行政中樞，後丞相胡惟庸謀反伏誅，明太祖朱元璋廢去丞相一職，將中書省的權力直接分配與六部，由皇帝直接統領，並立下嚴令子孫不得復立，清朝大體沿襲明朝舊制，僅自雍正皇帝開始加設軍機處，原意為適時商討處理軍事戰況，後卻變為皇帝的秘書處專門協助皇帝執行政策命令。由此可見，自秦代到明朝以前，中國的官僚體制基本上與現代的政府體制接近，比西方早約兩千年已實施政府權力分離的精神，雖然並非像西方的立法、司法、行政三權分離，但整個政府的權力分派到中書省、門下省和尚書省，三省共同協商政務之餘也互相牽制，中書省負責

制定法令，門下省審核法令，尚書省下達執行法令。

　　中國龐大的官僚政府制度，需要一套完善的官僚人才挑選制度配合，才能讓政府有效運作，經歷無數的朝代，和兩千多年的時間改進調整，中國古代選官制度大體上經歷了「世襲制」、「軍功授爵制」、「察舉制」、「九品中正制」、「科舉制」等五個階段。自夏朝開始，禪讓制度被世襲制打破後，不僅僅天子是通過家族血緣關係來繼承，而諸侯、官員同樣依照血緣親疏定等級尊卑和爵位官職的高低，世襲制原意是讓有血緣關係的宗親來鞏固皇權的統治，但時間久了，血緣關係由親變疏，容易產生問題和矛盾，而且無法確保諸侯和官員的管治才能和對國家是否有貢獻，所以秦朝自戰國時期，商鞅變法後，規定以軍功作為用人的準則，無軍功不授爵位，犒賞按軍功的大小授與爵位和賞賜田宅，統一以後也採納軍功授爵製作為選取官員的標準。自漢代開始，國家趨向大一統的格局，對各級官員的需求也逐漸增加，在和平時期更難以用軍功來挑選人才，所以察舉制度應運而生，採用由下而上推選人才為官的制度，從沒有固定的制度、期限和方式，來要求地方推舉賢能人才出任地方和中央官員，隨著時間，才逐步完善發展了整套制度來規範薦舉的方式，直至「四科取士」的選拔人才的標準出現，四科指「德行高妙」、「學通行修」、「明達法令」、「剛毅多略」。後期，察舉制度日趨腐朽，變成名門望族所壟斷，加上宦官把持用人大權，到漢朝末年三國時代，曹魏制定和推行了「九品中正制」，由各州郡分別推選「大中正」一人，「大中

正」必為在中央任職官員且德名俱高者，「大中正」再選出「小中正」協助，察訪士人，按士人的家世、人品、才能評列九品，並加上評語，結果交吏部據此進行官吏的升遷與罷黜。到了晉朝，中正官逐漸為世家大族所壟斷，選官任人唯看門第家世，出現了「上品無寒門，下品無世族」的門閥士族壟斷政權的局面，門閥制度更影響了皇權的統治。所以最終在隋唐時代，寒門子弟被提拔以打破門閥世家權勢，隋文帝正式廢除九品中正制，開始採用「分科考試」，設「志行修謹」、「清平幹濟」兩科作為選拔官吏的方法。

　　近代考古學家認為儘管隋朝開始以分科舉、薦取士，但不符合科舉制度的原則，沒有定期開科，也要求官吏推薦而非「投牒自舉」，所謂「投牒自舉」即通過「鄉貢」成績優異的讀書人，由州縣發給特別的符牘以作證明來參加科舉考試，所以推斷「科舉制度」應由唐朝開創。「科舉」的名稱從分科取士而來，唐朝的科舉分為常科與制科兩類，常科每年舉行，制科則是皇帝臨時設置的科目。常科有不同的名目，按應試考生的條件和考試內容分為「秀才」、「明經」、「進士」、「明法」、「明書」、「明算」等科，其中「明經」科主要考儒家經典，「進士」科主要考詩賦和政論，因「進士」科考時務策涉及探索治國之道，並非靠背誦經典，需要洞察社會問題，了解政務時弊，思考提出解決辦法，因此難度很大，唐朝時流傳一句話：「三十老明經，五十少進士」，意謂在三十歲才考取到「明經」科算是年齡較大了，而五十歲能考上了「進士」卻還算很年輕。自

唐朝確立了科舉制度選拔官員後，歷朝進行調整、改革、完善，制度一直沿用到清朝。

📚 士人政府 📚

中國的選官制度從漢代採用「察舉制」開始，到唐朝改革採納「科舉制」並一直承傳兩千多年，對中國的政治環境和體制的穩定性有重大的作用，除皇帝是世襲制之外，整個龐大的官僚架構均由平民直接參與，加上通過選官制度能達到選賢與能，將地方上德才兼備的人才收歸中央國家任用，有效治理繁重、複雜和專業的國家事務，更重要一點是創造了士人階級，打破了貴族和軍人壟斷政治，開拓了平民透過讀書進入仕途，參與政治管理，甚至於拜相封侯，形成社會階層的流動性，推動整個社會對讀書和知識的追求。北宋年代士大夫汪洙撰寫的啟蒙讀物《神童詩》開首：「天子重英豪，文章教爾曹；萬般皆下品，惟有讀書高。少小須勤學，文章可立身；滿朝朱紫貴，盡是讀書人。」道盡了當時社會推崇讀書的普遍思想，唯有讀書才能「學而優則仕」，成為進入統治階層的不二法門。

根據考證，士的出現最早可追索自商、周時代，從甲骨文、金文已有「士」這個字，像一把用青銅或鐵製成的武器「鉞」的形狀，「鉞」的形狀像巨大的板斧，所以「士」的本義是使用斧鉞的武士，引申為男子的美稱。在商、周的文獻中整合應用「士」有「多士」、「庶士」，形容下級官吏，春秋、戰國年間孔子時代，重個人修養而輕習武，士從武士蛻變成文士，

更定性為具備知識之人。孔子曾說：「推十合一為士」，按照《說文解字》許慎的解釋，「士」的本義就是「事」，表示善於做事，從一開始，到十結束，非常完美地完成了一件事情，但也有解釋為能綜合萬理於一源，即通曉萬物的原理，總而言之，士就是古代社會知識階層。春秋時期，齊國宰相管仲最先將士與其他三個社會階層合稱為四民，《管子》曰：「士農工商四民者，國之石，民也。」，「士」居四民的首位，足見「士」受尊崇的地位。

　　「士」之所以重要，不單是因為「士」是具備學識才能，更重要是在漢代漢武帝接受大儒董仲舒的建議獨尊儒術後，儒家核心思想的家國情懷加入「士」的價值觀內，士人更承擔「以天下為己任」的崇高理想；這就是孔子所以言的「士志於道」，也是其弟子曾參進一步在《論語·泰伯》所解說：「士不可以不弘毅，任重而道遠。仁以為己任，不亦重乎？死而後已，不亦遠乎？」士人必須要有剛強的毅力，承擔重大而宏遠的任務，以推行仁政為自己的責任。「士」因而成為在中國文化內的一個具備治國理想的知識份子的重要階層，比西方國家在十八世紀才出現的知識份子早近兩千多年。自漢代通過選官制度將有理想、有學識、有能力的士人，招攬作為官僚體制內的重要構成成員，開創了士人政府，所以儘管改朝換代，政權更替，最終能讓中國保持統一的局面，也能讓中國文化一直延續。

||\ 中國政治體制 - 中國的角度 /||

　　國學大師錢穆教授，也是新亞書院即中文大學其中一家組成書院的主要創辦人及首任校長，曾任北京大學史學系副教授，兼任清華大學、燕京大學、北平師大史學教授，在西學東漸，中國文化體制受衝擊、被懷疑的大環境下，仍然力排眾議，堅持從真實理解，認識中國歷史及文化來建立民族的認同感與信心，其弟子余英時教授以「一生為故國招魂」來形容和推崇錢穆教授的宏願與成就。

　　錢穆教授在《中國歷代政治得失》一書中，對中國的政治體制有精闢的見解：「由於中國是一個一統大國，根據以前的情況不可能由選舉產生：農業社會、土地遼闊、交通不便，也不可能隔三、五年進行選舉，而且需要一個穩定的政府，只好採用世襲的元首：皇帝，為帝王者，將何藉而肆其專制？若謂憑藉貴族乎？則中國自秦以下，早已推行郡縣政治，封建已破壞，世祿已取消，何來再有貴族政權？若謂憑藉軍人乎？則中國自秦以下，未有純以軍人組織之政府，何來而有軍人政權？若謂憑藉商人富人以共治乎？則中國自秦以下，在漢則不許官吏兼營商業，在唐則不許工商人入仕，商人勢力向未在中國傳統政治下抬頭，何來而有富人政治？

　　然則中國帝王，不憑貴族封建，不憑軍人武力，不憑工商富勢，彼固何道而得肆其一人之專制？豈上帝乃專為中國誕生一輩不世傑出之大皇帝，綿綿不絕，以完成其二千年專制之怪局乎？

但中國人未嘗不知世襲皇室可能有壞處，皇室傳統終必要更易，中國人向來便很少人相信有萬世一統跡近神權的出現，遠在尚書裡早說『惟命不於常』，可見中國傳統皇室世襲，是一種權宜之計。

中國傳統政治為『士人政治』。亦可謂之『賢能政治』，因士人即比較屬於民眾中之賢能者。有帝王，表示其國家之統一；而政府則由士人組成，即表示政府之民主；因政府既非貴族政權，又非軍人政權與富人政權，更非帝王一人所專制，則此種政治，自必名之為民主政治矣。若必謂其與西方民主政治不同，則姑謂之『東方式的民主』，或『中國式的民主』，亦無不可。

拿歷史大趨勢來看，皇室和政府是應該分開的，而且也確實在依照此原則而演進。皇帝是國家的唯一領袖，而實際皇權則不在皇室而在政府。代表政府的是宰相。

秦漢開始，中國有了選舉制度和考試制度，選拔人才參與政治。雖然有世襲的皇帝，但是在制度上對皇帝權利也是有牽制的，比如唐朝的三省六部制、宋朝的分割相權等等。皇帝和宰相在用人權、官員的選拔都受限，還有監察制度，所有這些都表明，中國的傳統政治既非皇帝宰相一人所能專制，也非任何機關所能專制，因此並不能說中國政府是全由皇帝專制的。」

事實上，翻查中國古籍，雖有「專制」一詞，但中國歷史上從來沒有一個朝代或政權被認定為「專制政體」；而中國「專制」政體是從清朝末年，戊戌變法失敗後，梁啟超被迫流

亡日本，將「專制政體」從日本引進翻譯到中國，梁啟超更於一八九九年發表《蒙的斯鳩之學說》和在一九零一年發表《立憲法議》介紹孟德斯鳩三權分立觀念並認定中國成為「皇帝專制體制」，其涵意包括「專制主義、絕對君主制及獨裁」多層意思。梁啟超更在一九零二年《新民叢報》上分別發表了《中國專制政治進化史論》和《論專制政體有百害于君主而無一利》兩篇文章，將中國屢經衰亂的原因，歸究於「專制政體」，孫中山先生在推動革命的演講中也將共和體制與君主專制政體作為對比，「專制政體」逐漸在中國廣泛流行用來描述中國古代傳統皇帝政治體制，雖然在一九零五年梁啟超在遊歷美國後發現民主體制的問題，改變思想後認為中國民眾素質低下，不具備採用民主體制和君主立憲政體的條件，在同年發表了《開明專制論》，轉而提倡通過政治革新，讓一個強大開明的政府來行使國家主權，維持社會秩序，達至國家富強，但中國專制政體的說法仍然沒有改變；民國之後，大部分的教育學者編寫的中國歷史課本時，更將中國古代形容為「專制政體」；其後一九三九年毛澤東發表《中國革命和中國共產黨》一書，論述中國社會性質、革命動力、革命任務，更將中國描述為「皇帝專制封建國家」，自此中國古代的政體被普遍認定為專制封建國家！當時絕大部分的學者都沒有提出異議，只有錢穆教授在一九四一年發表了一篇《中國傳統政治與儒家思想》的文章，反對將中國確定為「專制政體」，認為中國傳統政治與西方有很大區別，並從歷史的角度來考證中國的皇帝在士人政府的體

制下，根本不存在專制獨裁。

　　據一九一五年第一次出版的《辭源》對「專制」一詞的解釋為「政令之權，全出於一國之君者，曰專制，參看專制政體條。」對「專制政體」一詞的釋意是「國家之元首有無限權力，可以獨斷獨行者，謂之專制政體，為立憲政治之對。」如果要將中國古代皇帝體制定性為專制政體，必須要證明中國歷代皇帝在統治國家上有無限的權利，但根據歷史考證，歷代皇帝的權利均受到約束，中國多個朝代大體上採取了「詔」、「制」、「敕」頒布制度，「詔」是詔告天下，即有重大政事須佈告天下所有臣民的文書；「制」是皇帝向百官宣示，表達皇恩浩蕩之意的文書；而「敕」是皇帝在給官員加官進爵時的文書，告誡官員要戒驕戒躁，再接再厲，不要驕傲自滿，恃寵而驕的意思。以隋、唐、宋、明四朝部分史實為例。隋朝時期，通常詔書是確立當朝大政方略以及根本制度，包括政經、軍政、律法等方面，而「制」、「敕」多指天子對具體人事發布的命令。簡單而言，自魏晉以後各朝各代，「詔」、「制」、「敕」從形成到頒布，需要經過數個環節，首先皇帝與大臣議論裁定後，才由大臣草擬文書呈皇帝審閱和大臣共同簽署後，最後交最高行政機關發佈，倘有爭議，行政機關可將詔令文書以「封駁」形式退回，重新修改、審閱和簽署後才正式頒佈。「詔」、「制」、「敕」制度直到明朝初期開始因廢除宰相，詔令文書不再經大臣審閱、簽署，改為稿件經皇帝審閱簽署後，直接交職能部門發佈才作罷。在「詔」、「制」、「敕」頒布制度下，皇帝的

權力也受到制約而並不能獨斷獨行，恣意專權。

《舊唐書‧本紀第十三德宗》記載唐朝貞元十八年：「指派浙東團練副使齊總為衢州刺史，以總以橫賦進奉希恩，給事中許孟容封還制書。」唐德宗擬定詔書，將齊總升為衢州刺史，但齊總的聲名欠佳，經常搜刮民眾財物來向朝廷進貢，以博取皇帝恩寵而官位高升。皇帝突然提升他作為一個大郡的刺史即長官，朝野上下當然議論紛紛，給事中許孟容寫了一份奏摺，陳述理由，並退回詔書，唐德宗只好收回詔令不再提出晉升齊總一事。同年八月，德宗以嶺南節度掌書記、試大理評事張正元為邕州刺史、御史中丞、邕管經略使，給事中許孟容再次以非次遷授為由，封還詔書，雖然許孟容兩次封駁德宗的詔書，但德宗後來召見許孟容，還褒獎他：「假如百官都像愛卿一樣，朕還有什麼憂愁呢？」

《宋史‧杜衍傳》記載：「杜衍拜吏部侍郎、樞密使。每內降恩，率寢格不行，積詔旨至十數，輒納帝前。諫官歐陽修入對，帝曰：『外人知杜衍封還內降邪？凡有求於朕，每以衍不可告之，而止者多於所封還也。』」北宋仁宗在位時，經常有人要求皇帝賜予官職，仁宗就直接發文書同意所求，但當時吏部侍郎樞密使杜衍，每次收到內降都視而不見，等積累了十幾封之後再打包送還皇帝，諫官歐陽修進宮，仁宗就對他說：「大家都知道杜衍駁回我的內降嗎？其實來求我的人我都和他們說了，杜衍是不會同意的，我親自駁回的數量實際上比杜衍封還的還要多！」

　　《山堂群書考索‧官制門》也記載了宋仁宗被封還的事情，「至和、嘉祐間，嬪御久不遷，屢有幹請，上答以無典故，朝廷不肯行。或奏曰：『賊聖人出口為敕，批出誰敢違？』上笑曰：『汝不信，試降敕。』政府果奏無法，命遂寢。」後宮妃嬪也經常向皇帝求升遷，仁宗表示：「說出來你們可能不信，就算我答應了，朝廷也不會同意的。」妃嬪向皇帝說：「皇帝出口就是聖旨！皇帝批出誰敢違抗？」皇帝笑言：「你們不相信，我試試降下敕書。」朝廷果然不同意仁宗的敕書，結果就作罷了。

　　上述的封駁事件，各朝代歷史上經常見到，皇帝的旨意也會被大臣以各種理由駁回，那怕僅僅是後宮妃嬪升遷的小事，政府也有權干預，唐德宗讓給事中許孟容數度封駁後，還要向臣下誇獎，可以說明在中國古代，皇帝的權力是受到制約，而並非如近代學者所非議的無限權威。

　　雖然明朝以後，因廢除宰相，再無封駁制度，但皇帝的權力仍然受到祖訓和其他的法令所規管，明神宗萬曆十一年，義大利傳教士利瑪竇來到中國，長住中國二十七年，他將自己在中國的經歷寫成手記，後經比利時傳教士金尼閣（Nicolas Trigault）整理成冊，定名為《基督教遠征中國史》。書中有一段記載：「除非根據某個大臣提出的要求，否則皇帝無權封任何人的官或增大其權力。當然皇帝可以對和他家族有關的人進行賞賜，這種情況是經常發生的，但這筆賞賜不能列為公家贈款，皇帝所做的贈禮也不能從公款中提取。」

第七章

中國和西方文化差異和衝突

中國在多次遭遇外來文化的衝擊下，雖然會將部分的外來文化的優良地方兼收並蓄，但中國文化始終保持其獨立性和延續性。

第七章
中國和西方文化差異和衝突

　　有人用筷子與刀叉來比喻中國和西方文化的差異，認為筷子作為飲食工具，適合中國人同桌合食的制度，與中國人著重家族團聚的文化精神相符；而西方人採用各自分食的方法，使用刀叉將分得的食物切割成小塊進食，反映出個人主義的特質。也有人將筷子與刀叉定性為內向性與外傾性的文化，筷子是需要合力向內才能挾住食物，相反使用刀叉時，是左手持叉、右手握刀共同用力向外將食物切開進食，正好表現出中國文化的內向性和西方文化的外傾性的差異。

　　提到中國筷子的文化，儘管已經無法考證筷子在中國的起源，但中國使用筷子的確已經有很長的時間，根據考古資料，在安陽殷墟遺址上已經有筷子出土，證明筷子在商代已經在使用，但在先秦時代也出土了許多刀、叉、匙的套件，說明中國古代曾經是筷子與刀叉同時使用，有學者考證後，認為中國古代烹調的方法比較簡單，只有切片生吃、用火燒烤、用調料醃制、用水煮熟分吃。但是在春秋及以前，中國仍使用青銅造的鼎或鬲加水煮熟，而青銅的熔點較低，不耐長時間火燒，因此用水煮肉也不能煮得太長時間，在剛煮熟的時候，就需要從鼎內取出，用刀切成小塊，再用叉子取食，所以在春秋時期，中國人吃飯仍然需要使用刀叉。直到春秋末年到戰國時期，開始普及

使用鐵器，刀叉才慢慢被筷子取代，敦煌莫高窟第四百七十三號窟的壁畫上有一幅唐朝人聚餐壁畫，餐桌上每人面前都橫放著一雙筷子和一支匕，但刀叉已經看不見了，由此可见，刀叉已逐步退出中國的餐桌上。

　　雖然筷子與中國內向文化的關連性無法得到證明，但中國文化具內向性的特質和西方文化具外傾性的特徵，卻得到許多研究中西文化差異的學者的認同。中國內向性的文化特質包括以內在的本心作為價值的根源，所以中國人以道德和情感為主題；其次注重內向的融合，不講求向外拓展，反而向內在的探求，追求大道；此外中國人講求精神文明，不著重物質的追求，因此中國文化崇尚天道自然，知足常樂，追求和諧，在穩定中求發展；內向性的特質讓中國文化累積深厚、堅韌不撓、既不向外擴張，也不向外宣揚中國的文化，但也不會輕易接受外來的文化。

　　由於中國的特殊地理環境，西北部被高山峻嶺阻隔，東南部臨近茫茫大海，形成中國相對孤立的地位，周邊的民族文化水準又比中國低，因而建立起中國中心主義，即以中國為世界文明文化的中心，中國之外的民族被稱為「化外之民」或者「蠻夷」，即統稱四夷的「東夷」、「南蠻」、「西戎」、「北狄」；中國歷代皆以天朝自居，《春秋》曾記載：「中國者，禮儀之國也。」意思是指中國是一個禮儀周全的地方，即文明程度較高的中原地帶，所以歷朝不以中國為國號，但與別國或其他民族接觸時則常以中國自居，以顯示文化文明的優越感；內向的

文化特質、阻隔的地理環境加上文化優越感，使中國在過去漫長的歷史中，不容易受外來的文化衝擊而改變，相反當外來文化與中國文化接觸後，卻容易被中國文化所同化和融合。

中國佛教就是一個最好的例子，佛教從印度自漢朝開始傳入中國，到東晉以後，因長期戰亂，佛教開始在中國廣泛傳播，印度佛教文化與中國文化發生了碰撞，經過南北朝時代的激烈衝擊，最終佛教融合中國文化，形成中國化的「漢傳佛教」在中國落地生根。「漢傳佛教」與原始印度佛教有明顯的差異。首先，自南北朝開始，中國佛教徒開始吃素不吃肉，但非中國佛教徒卻從不抗拒吃肉，因佛祖在世時要求弟子每日化緣，以托缽的形象接受食物，與在家的信眾接觸，廣結佛緣，所以信眾報施什麼就吃什麼，完全不講究，因此不戒食葷肉，今天西藏「藏傳佛教」下的喇嘛就留傳了吃肉的習慣。第二方面，細心觀察佛像的面容，會發現初期傳入中國時與後期的佛像面容，有非常明顯的轉變和中國化的痕跡；早期中國的佛像採用印度犍陀羅的風格，犍陀羅是古印度十六國之一，曾被希臘亞歷山大帝國占領，因而保留希臘文化，所以仿照希臘羅馬雕刻神像的手法雕刻佛像，外貌與外國人無異，身上有許多華麗的飾物。但到了宋代之後，佛像的面容早以中國化，典型的中國人模樣，所有佛像上華麗的飾物都消失了。第三方面，在教義上，早期佛教是非常看重佛經和教義，要求信徒誦讀經文，但今天中國佛教的禪宗主流教派，已經不再要求信徒研讀佛經和明白佛理，認為佛在心中，講求頓悟，要求信徒禪修為主；事實上已經偏

離了當初達摩從印度來到中國之後所創立的禪宗原始教義，達摩宣揚離世避世，但禪宗視行住坐臥皆道場，不講求出世。第四方面，印度佛教的戒律規定，出家人必須以乞食為生，受人供養，不可從事生產，而乞食是佛教的「正命」行為，不僅可以養成慈悲心、平等心，更可以降伏自己的傲慢心態。然而中國人非常鄙視乞食，認為乞食是低下的行為，為適應中國的國情，最終佛教在禪宗四祖道信、五祖弘忍的提倡下，開創以農養禪，白天勞動，晚上坐禪，六祖慧能本來就以務農為生，所以要求佛寺獨立自養，從出世轉而入世的新時代，徹底改變了印度佛教沿門托缽的教義和依賴社會供養的情況，正正是因為禪宗的入世和中國化，讓禪宗成為中國佛教的主流，同樣地中國的佛教也是變成了中國化的佛教了。

　　由於地理的阻隔，古代中西方文化的交流相對較少，僅依靠陸上絲綢之路開通貿易往來，將東西方文化作有限度的接觸。陸上絲綢之路起源自西漢時期，漢武帝派張騫出使西域，開闢以首都長安為起點，經甘肅、新疆，到中亞、西亞，並連接地中海各國的陸上通道，主要將中國出產的絲綢運往西方國家。到了宋朝，中國西北部被外族所掌握和控制，貿易無法通行，河西走廊日漸衰落，最終沒落，中國和西方的交流也大幅減少。直到十三世紀蒙古在中國建立元朝，同時東征西討建立橫跨歐亞兩洲的全球蒙古帝國後，在通往歐洲的通道上，大肆興建驛路，東西方的通道重新恢復，絲綢之路才再次興盛起來；直到明朝中期採取了閉關鎖國的政策，讓陸上絲綢之路又再次走向

衰落。絲綢之路的開通，的確有助中西方的文化交流，但因各種原因，斷斷續續，加上路途遙遠，又以貿易為主，對中西方文化交流實際作用不大。

直到十五世紀，西方航運科技進步，加上西方教廷希望向東方宣教，因此派出大量傳教士到中國，東西方的文化交流才逐步頻繁起來，但當時中國正是明朝時代，文化已經發展得相當成熟，加上天朝文化優越感，對西方文化比較抗拒，因此中國受西方文化的影響較少，相反傳教士將中國的狀況和文化帶到西方，西方國家受其影響，開始仰慕中國文化，在十七世紀到十八世紀初期更曾經形成中國熱。到了十八世紀末啟蒙運動後期，西方國家發展出「歐洲中心論」，將西方文化認定為最理性的、最先進的、最文明的，其他地方的文化都是落後的、不理性的和處於野蠻的、蒙昧的狀態，自然將中國文化放在對立的位置上，並批評為愚昧、腐敗、專制、落後，中國文化熱潮在西方退卻。

十八世紀末，工業革命從英國推展到整個歐洲，工業產品大幅增加，西方國家迫切需要擴大銷售市場，積極推動東西方的貿易發展，但中國的茶葉、絲綢、瓷器等奢侈品在西方國家深受歡迎，反而西方工業製成品卻打不開中國市場，而且中國自明朝開始實行閉關鎖國政策，讓西方國家初期出現大量貿易逆差。直到英國以鴉片貿易突破中國市場，最終更導致中國與英國作為西方國家爆發第一次戰爭衝突，史稱「鴉片戰爭」，結果令西方國家發現中國的國力虛弱，其他西方國家加上日本

和俄羅斯等國，紛紛藉各種理由製造衝突，開始入侵中國，搶掠中國的財富，要求割地賠款，促使中國滿清政府推行洋務運動，提出「師夷長技以自強」和「師夷長技以求富」等目標，強調「中學為體，西學為用」，引進大量西方科技及各類西方著作文獻，培養大批留學童生，打開了西學之門，西方的文化開始衝擊中國的文化，可惜洋務運動因各種原因最終失敗。一九零零年更發生八國聯軍事件，讓中國有識之士認為必須要對中國的體制進行徹底的改革，儘管滿清統治被推翻，民國政府的建立仍然無法讓中國擺脫外國的欺侮，當時許多的學者更加強信念，提倡國家要進步，必須要摒棄傳統的中國老舊文化，學習西方的新文化。一九一五年一場以宣揚民主與科學的新文化運動正式啟動，德先生代表的民主思想和賽先生代表的科學精神，與中國傳統的儒家思想進行正面交鋒。

📚 民主與民本主義 📚

民主發源自公元前五世紀，是古希臘城邦中的一種政治制度，其中最著名的就是雅典的民主體制，即是由公民領導的地方自治，公民是指年滿二十歲的雅典男士，合共約四萬人，佔整個雅典人口十份之一，而女性、青年、外族人、奴隸均不被承認具備公民資格，所以雅典的民主制度只是少數人的統治。在操作方面，雅典的最高權力機構是公民大會，由所有公民組成，負責審議並決定一切國家大事；日常運作則由交五百人議事會負責，五百人議事會是由當時雅典十個部落中每個部落用

原始抽籤方式從自願候選人抽出來。雅典還設有陶片放逐制，原意是為了保護民主制度，雅典公民可以通過陶片投票，強制將某個可能威脅雅典民主制度的人放逐，期限十年，放逐者無權為自己辯護。當時的哲學家均大肆批評民主制度，希臘三賢之一的柏拉圖（Plato）認為民主是群氓政治，是多數低下窮人對富人橫行霸道之制度。柏拉圖以航海比喻，要選出合適的船長，不能透過民主投票，必須由具備專業知識的領導者擔任，統治管理國家比航海更複雜，在民主制度下，很容易挑選出懂得操縱民意的人作為統治者。所以希臘文民主一詞由「暴民」或者「多數人參與」和「統治」兩個字組成，即「暴民統治」。在公元前四零四年經過長達約三十年的伯羅奔尼撒戰爭一役，雅典被採用專制政體的斯巴達所打敗後，逐漸衰落，並在公元前三三二年被馬其頓帝國征服而滅亡，古代民主體制正式中斷。有學者說羅馬帝國的共和制度是民主體制的延續，也有學者不認同這種說法，因為羅馬的最高統治機構是由三百人所組成的元老院，成員不是通過抽籤或者選舉產生，而是在優秀的高級官吏挑選出來，實行終身制，不管雅典的民主制度，還是羅馬的共和制度，最終均湮滅在中世紀的歷史長河之中。

近代西方的民主制度起源於一二一五年英國簽署的《大憲章》，當時英國國王約翰因多次向貴族和教會徵收各種各樣的稅賦作為軍費，以應付與法國的數場戰爭，但最終戰爭仍然落敗，導致國內貴族、教會、人民的憤怒，國王在挾逼下被迫與反叛的貴族簽署了《大憲章》，承諾兩項原則：「無代表權不

納稅」和「分權制衡」，確認了貴族及有產者的基本政治權利，君主的權力受制約和下放，開創民主參政的先例。儘管《大憲章》的確立，但英國皇室與貴族組成的議會仍有多次的衝突，直到十七世紀光榮革命後，議會提出《權利宣言》，指出以後國王未經議會同意，不能停止任何法律的效力，不經 議會同意不能徵收賦稅。宣言得到當時的國王同意後，英國逐步進入君主立憲的民主體制。

受文藝復興和啟蒙主義的影響，歐洲人民開始不滿意宗教結合君主的統治方式，受惠於考古的發現，過去雅典和羅馬的民主制度重新展現在人民的眼前，導致十八世紀爆發法國大革命，之後短短的一百多年，法國徘徊在君主和民主制度之間，更影響歐洲其他的君主國家，最終大部分採用了不同形式的議會和君主立憲方法推動西方民主制度的發展。

法國思想家亞歷西斯·德·托克維爾（Alexis de Tocqueville）於一八五六年出版了一本研究法國大革命的書《舊制度與大革命》聞名於世，主要集中探討大革命發生的背後原因，企圖解釋那些構成時代連鎖影響下，主要環節的重大事件的原因、性質、意義，而不是單純地敘述史實。托克維爾閱讀和利用了前人從未接觸過的大量檔案資料後，在歐洲歷史的一般規律中，找出法國歷史的特殊規律加以分析，並努力尋找整體與部分的因果關係，揭露舊制度與大革命的內在關連性，書中直接揭露出幾個根本而悖論的問題。大革命的爆發是因為社會正在轉型，加劇了法國社會的基本矛盾所促成的；舊制度底

下強化的中央集權製造成人民的絕對依賴，但當無法滿足人民的要求時，卻形成對政府的不滿。簡單而言，舊制度下的政府改革推行得不徹底、半途而廢，反而形成夾在君主與人民之間的貴族加大向低下階層人民的剝削，刺激大革命的爆發。

十九世紀末，中國的自強運動和二十世紀初的新文化運動，與法國大革命有許多相似的地方。在清朝末年，原來的中央集權皇帝統治方式，無法滿足人民的要求，面對種種的壓力和西方文化的衝擊下，滿清政府試圖改變社會和國家管治制度，考慮引進西方君主立憲體制，當時部分中國學者和政治家更嘗試將西方的民主制度搬到中國，但最終西方的民主制度無法在中國生根落地，君主立憲制度也因辛亥革命的爆發而作廢，當時的情況正好與法國大革命相似，在政府改革的過程中，激發內部矛盾，引發出辛亥革命，推翻滿清政府。

辛亥革命後，新成立的中華民國政體，採納了孫中山先生所提倡的「三民主義」和「五權憲法」而放棄西方的傳統民主制度。「三民主義」是「民族」、「民權」、「民生」，「五權」是「行政」、「立法」、「司法」三權，加上「考試」和「監察」兩權。孫中山先生曾概括分析了西方民主制度的問題，結論是不管源自雅典古代的城邦公民自治，還是現代英美的代議制民主；從直接選舉還是間接選舉，民主制度都會產生人民主權與權威管治實踐之間的重大張力。在中國的國情下，受制於人民有限的知識能力，將難以確保能正當使用人民的主權，而且孫中山先生更擔心民主會影響政府的效能，所以提倡「民權」，

將管理國家的權力分成政權和治權，人民掌握政權，可選舉或者罷免官吏，可制定或者覆議法律，不能直接參政和議政；政府則擁有完整的治權，可通過「五權」完善治理國家。

事實上，從近代西方民主歷史可以看見，發起和推動西方民主的不是普通人民，反而是貴族、資產階級和知識份子，主要針對的目標是君主和教會，爭取從他們手中奪取管治的權力和利益，所以西方民主的興起，可以說只是權力的再分配而已；相反中國自秦朝開始已經不存在封建貴族，而且中國自漢朝的「察舉制度」或唐朝的「科舉制度」的確立，國家的管治權已經開放讓人民參與，士人政治的建立，讓有才幹和賢良的平民通過科舉考試進入國家管治的官僚體制，根本不存在國家治理權力需要從新分配的問題，所以無需追求「還政於民」，更無需藉民主之名，力求從皇帝和教會手上奪取管治的權力。另一方面，從客觀的數據分析，古代雅典的人口約五十萬人而公民數目僅約五萬人，而中國幅員遼闊，人口繁多，同時期的周朝和春秋時代中國人口已達到二千萬人；羅馬帝國時代羅馬公民有七百萬人，而同期的漢朝已經有六千萬人之多，在古代交通不發達的情況下，雅典或者羅馬還有可能採取直接或者間接選舉統治者及主要官員，但中國古代根本是不可能現實所謂的民主選舉制度。

深入分析近代西方的民主發展，發現西方社會對民主制度一直存有戒心和警惕，號稱世界上最民主的國家美國，在十八世紀頒布的《獨立宣言》和憲法中居然沒有「民主」一詞，美

國開國先賢更深切批評民主是最差的政治制度，美國《獨立宣言》起草者、第三任總統湯瑪斯‧傑佛遜（Thomas Jefferson）曾表示：「民主就是暴民政治。」第二任總統約翰‧亞當斯（John Adams）也曾經指出：「民主的下場必然是毀滅。」美國開國先賢厭惡民主是因為在制定美國憲法之前，於一七八一年通過的《民主邦聯條約》所建立高度民主的邦聯政體，已經接近崩潰的邊緣，州議會為了迎合本州選民，只考慮本州的地方利益，忽略和蔑視全國性的公共利益，美國各地不同勢力更以民主之名號召發動動亂。

因此北美五十五名州代表齊集在費城，重新商討制定一套新的聯邦憲法，美國憲法之父詹姆士‧麥迪遜（James Madison），後期成為美國第四任總統，更被推選為制憲會議的主席，麥迪遜清楚將民主制和共和制區分出來：「在民主政體下，人民會集合在一起，親自管理政府；在共和政體下，他們通過代表和代理人組織和管理政府。」簡單而言，美國立國初期追求的是「共和」而不是「民主」體制，「共和」體制下，國家是屬於人民的，人民不是統治者的所有物或附屬品，政府的功能是以公眾利益、人民共用為目的，保護人民的自由而不是限制人民的自由。「民主」體制是一種確保人民能夠參與治理國家的制度，建基於政治平等的集體決策模式，通常是指由人民通過投票選出的政府。

因此，美國開國先賢在設計制定美國政府體制和總統選舉制度時，盡力防止民主影響政府的運作，將美國的議會分成眾

議院和參議院，避免單一立法議會壟斷和專政，眾議院的席位是按每個州的人口比例分配名額選出，共四百三十五名；參議院席位的設定是不管州的人口多少、幅員多大，每個州均有兩個名額，合共一百名。任何法律或重大決定需要眾議院和參議院同時通過才能生效，以防止人口眾多的州份壟斷議會。總統的選舉方法是以代議制度設立「選舉人團」，每個州舉行全民直選，雖然選票上直接印的是總統候選人名字，但實際上，還是選擇所在州的選舉人團，得票最多的總統候選人將以勝者全取方式取得該州的所有選舉人票，獲得超過半數選舉人票的候選人當選總統。然而美國先賢在制定總統的選舉採用「選舉人團」，而並非採取人民直選的方法，當然因為當時美國國家幅員遼闊，交通不便，人民直接選舉總統極其困難，但更重要的是怕暴民政治，所以要先選出德高望重、熟悉政治並具有良好判斷力的人為選舉人，再讓選舉人投票選出最合適的總統。英國的政治體制也是類似的代議民主制度，由人民先選出議員，獲選最多議員席位的政黨組織政府，再由政黨選出黨魁作為首相。制度的設計也是防止人民因偏見或者個人喜好，而選出沒有才能或不稱職的人當國家首相，所以先選出精英再由精英選出最高統治者。儘管西方一直鼓吹支持擁護民主自由體制，實際上卻一直在防範和排斥民主制度。

　　中國雖然沒有採用民主制度，但從古代開始，以人民的利益為根本的民本主義，一直為中國政治體制的核心思想。民本的思想出自《尚書‧五子之歌》，相傳夏朝的第三任君主太康

為夏禹的孫子，沉迷打獵，不理政事，被後羿打敗，太康的五位弟弟和母親被趕到洛河後，追憶大禹告誡治國之道，提出「以民為本」的思想，訓誡應該親近人民，不能輕視，人民是國家的根本，只有根本穩固，國家才得享安寧！因而有感而發：「皇祖有訓，民可近，不可下。民惟邦本，本固邦寧。」

自古以來，中國奉行「天人合一」的文化精神，在「天命論」的影響下發展出民本思想，屬於「天命順民命」的類型。從夏商周的統治者開始，相信君權是天命賦予的，但天命是順從民意的，如果統治者不體恤民情，不修德政，天命就會根據民心所向，轉移到新的君主那裡。商湯在《尚書‧湯誓》中向上天起誓，說明攻伐夏桀的原因：「有夏多罪，天命殛之。今爾有眾，汝曰：『我後不恤我眾，舍我穡事，而割正夏。』予惟聞汝眾言夏氏有罪，予畏上帝，不敢不正。」商湯將伐夏桀的原因，歸究于夏桀犯了許多惡罪，上天命令商湯去討伐他，而商湯敬畏上帝，所以伐夏桀是順應天意，不敢不為。這一段誓言將「民本主義」的中心思想表達得非常清晰，君主是上天所選定的，倘君主不理人民，犯下罪行，上天將會讓別人取代他。

家傳戶曉的章回小說《水滸傳》所講述北宋時期山東梁山泊以宋江為首的一百零八名好漢，由於種種原因無法在正常的社會中生活，被逼落草為寇，發展壯大，直至受到朝廷招安，東征西討的歷程。水滸書名典出《詩經‧大雅‧緜》中的「古公亶父，來朝走馬，率西水滸，至於岐下」。意思是周朝的先

祖周太王亶父率領部族擺脫戎狄侵擾，遷徙到了岐山下的周原即水滸之地，所以水滸有「出路」或「安身之地」的意思，書名藉水滸意諭這些好漢的出路。全書的精髓在於「替天行道」這四個字，這不僅是一個口號，更是這一百零八名好漢在忠義堂反抗政府的原因，這正好表達出民本思想深入民心，所以造反也必須要打出「替天行道」這個最好的藉口。

在孔子、孟子及秦漢以後兩千多年的君主專制時代，雖然仍有「君權天授」的「天命論」影響，但儒家思想在君民關係、國民關係上，強調了人民的重要性。孔子提出了「仁者人也」、「仁者愛人」、「為政在人」、「為政以德」、「民無信不立」、「修己以愛百姓」等思想，奠定了儒家的民本思想傳統。孟子更進一步將民本思想具體化，提出民本的重要概念，第一；「民為貴，社稷次之，君為輕」，將傳統觀念裡至高無上的君主，放在最低的位置，反而將人民的地位不僅放置於君主之上，更放在最高的位置，形成了後世「民貴君輕」的仁政思想傳統；第二；「得乎丘民而為天子」，指出得民心者得天下的簡易道理，孟子在《孟子‧離婁上》詳細解釋：「桀紂之失天下也，失其民也；失其民者，失其心也。得天下有道：得其民，斯得天下矣。得其民有道：得其心，斯得民矣。」沒有人民的支持，君主將失去統治權，相反取得人民的心才能得到天下；第三；孟子在《孟子‧梁惠王下》回答齊宣王：「賊仁者謂之『賊』，賊義者謂之『殘』；殘賊之人，謂之『一夫』。聞誅一夫紂矣，未聞弒君也。」直接指出當君主暴虐無道，就不配作為君主，所以眾

叛親離，推翻殘暴的君主怎能算是弒君，所以在「民本主義」下，人民是有權推翻君主的；第四；君主的責任就是要為人民謀求幸福快樂，解決人民的憂愁困苦，在《孟子‧梁惠王下》中，孟子回答齊宣王有關快樂的問題：「樂民之樂者，民亦樂其樂；憂民之憂者，民亦憂其憂。樂以天下，憂以天下，然而不王者，未之有也。」簡單直接指明，如果能以天下人民的快樂為快樂，以天下人民的憂愁為憂愁，不可能不成為天下的君主。

在中國文化中，儒家主張的民本思想就是「聖賢政治」，統治者需要對人民百姓進行「己正正人」的道德感化工作，施政要以「民」為「本」，但過程上由統治者用自身天生善良的「仁心」決定，絕對不是簡單依從人民的意見或滿足人民的直覺感官需求，所以是「以民為本」而不是以「民」為「主」。

前中文大學校長金耀基教授曾在《從傳統到現代》一文中評論中國傳統上缺乏民主的弊病，認為錢穆教授所解釋的「士人政治」太理想化，他指出「二千年來，始終不脫『家天下』的格局，中國的政權及治權皆集中於皇帝一身，士子雖可循考試制度而入仕，但是整個官僚系統都是臣屬於君主及受君主支配，老百姓對政治則始終漠不關心，從未自覺有『政治的主體』。只有『產出取向』，即對政府措施之賢否優劣有相當的關注。」金教授更指出在中國的民本主義政體下，有「民有」、「民享」的觀念，所以中國始終沒有出現公然反對人民的狂妄國君，但認為中國的民本思想與民主思想仍然有異，最終沒有達到人民統治的民主精神，原因是中國人不相信人民能管治好國家，應

該由有賢德的人來做，如有賢德的人在位，則必以民之好為好，民之惡為惡，就等同人民自管自理，因此中國的理想政治是一種「以民為本」的德治。

總括而言，西方的民主思想所強調的是過程，是統治者權力更替的制度，人民通過參政的權利達到人民統治的理想，以選舉體現出所選的領導人是人民的代表，以表達出其權力來源於人民；但民主制度的缺點卻是空有選舉，卻無法確保選出來的領導人能代表了人民的意願，選舉制度只是大多數人打敗了少數人的願意，容易形成民主暴政，何況根本不可能確保人民在選舉中不被煽動，不受情緒的影響，而沒有做出非理性的選擇。中國的「民本主義」講求的是目的，如何選和誰當統治者並不重要，重點是清楚列明人民對統治者的要求，必須要以人民為根本，以道德賢能規範了統治者的行為模式，最終讓人民能夠心悅誠服，達至人民安居樂業。

📚 文明衝突還是歷史的終結 📚

當今中國和西方文化在全球一體化的格局下，中國和西方的文化是競爭還是衝突？一九八九年初，日裔美籍著名政治學家法蘭西斯·福山（Francis Yoshihiro Fukuyama）在《國家利益》雜誌上發表了《歷史的終結？》的文章，斷言民主制將「成為全世界最終的政府形式」，幾個月後柏林圍牆驟然倒塌，蘇聯解體，東歐原共產國家紛紛獨立並轉為實施民主制度，令寂寂無聞的福山因其預言成真，突然聲名大噪，並將其發表的文章

重新整理後，於一九九二年出版了爭議延續至今的著作《歷史的終結及最後之人》。他在書中指出，隨著冷戰的結束，全球民主化浪潮之後，西方的自由民主制度和資本主義將成為主流，逐步成為世界上所有國家的必然選擇，它的實現意味著人類政治史上政治體制的終結。

然而在《歷史的終結及最後之人》發表之後數年，福山的老師美國著名政治學者薩繆爾‧亨廷頓（Samuel Huntington）在一九九六年出版了《文明衝突與重建世界秩序》一書，卻不贊成福山的單一政治意識形態，認為「新世界衝突的根源是文明衝突，主要發生在宏觀與微觀兩個層次上，既不是意識形態也不是經濟，而文化將是截然分隔人類和引起衝突的根源。」亨廷頓客觀地指出文明是基於傳統，所以文明不是普世性的，世界上將會有許多不同的文化和文明相互並存，強大的文明將擁有世界上重要的權力，最終在人類歷史上，全球將存在多極和多文化的政治。有悠長歷史的中國文化和文明面對多元化和複雜的環境下，究竟是制度上的競爭，讓對方最終在制度上被統一；還是中國在西方文化和文明的激烈衝擊下將會被征服、同化？還是繼續傳承？將是一個值得思考的課題。

福山認為有兩個巨大力量推動人類歷史的進展，「自然科學的邏輯」和「認可的追求」，這兩種力量驅使人類通過合理的經濟過程滿足無限擴張的慾望，以及驅使人類追求得到認可，隨著時間的推移，這兩種力量將促使不同文化的社會，逐步轉向建立資本主義的民主制度，最終會導致各種專制暴政的倒台，

歷史過程就進入終結的狀態，所指的歷史是有特殊意義，指連續和不斷進化追求理想政治制度的歷史。

福山利用十九世紀德國唯心論哲學家黑格爾（Georg Wilhelm Friedrich Hegel）的唯心史觀來論證自己的觀點，認為人是有追求被認可的特性，通過被認可、肯定、尊重激發人對認可的追求，過去這種特質在沒有獲得自由和解放的社會裡，因而造成社會階級分化和不公平的奴隸現象。自從近代社會出現民主制度後，人民得到了自由，而自由賦予人民的公民權利，讓人滿足其被認可的追求，因此人將不再願意被奴役，不再願意服從階級分化，因此將社會推向富裕和資本主義，發展構建自由民主制度，人類追求認可的意識形態的歷史將會終結；福山將不再著重追求認可意識形態的人稱為最後的人。然而當社會到了黑格爾所描述的歷史終結時候，會否像德國哲學家弗裡德里希·威廉·尼采（Friedrich Wilhelm Nietzsche）悲觀的想法，認為將造成人性的墮落，福山抱著樂觀的立場，認為人仍然會是有理想的，會追求其他的創造，如文學、藝術等領域，人類的前景還是美好的。

從另外一個角度來說，福山認為自由民主制承認每個公民的尊嚴和價值，因而他相信民主制具有道德上的基礎。就「歷史終結」這一個問題，他認為人類最終將接受「世界歷史市場」判斷下認可的追求；歷史相當於一場不同社會組織形式之間的競爭，當某種政體消除了根本矛盾，人民不再表達極端不滿之時，就可以說這種特定的社會組織形式贏得了競爭。在福山眼

中，自由民主制將很快成為歷史市場的上的一個勝利者。

令到福山尷尬的是在《歷史的終結及最後之人》一書出版之後二十多年，世界上出現民主制度的倒退、金融風暴的發生、九一一事件和伊斯蘭國家對西方國家的敵對態度、中國的強大和崛起，自由民主制度令歷史終結的情況似乎不僅沒有發生，民主反而正在倒退之中，福山在二零一五年出版了《政治秩序的起源》一書，試圖為自己的學說解釋，開篇即從中國如何建立官僚制帝國講起，認為將人類有史以來的政治秩序分解為三項要素：國家能力、法治和責任政府。福山認為中國具備國家能力和受儒家思想影響下達致責任政府，但中國的法治卻並不理想，無法約束國家的政治秩序，主要原因是中國的制度發展得太早和太成熟，早已形成了中央集權，不利民主的發展；相反現代民主不會推動前兩項要素即國家力量和法治的發展，所以造成有些新興民主國家，有選舉而無治理能力，但通過民主制度的確能發展出責任政府，完善國家的治理。在書中福山雖然認同中國的制度，卻批評中國的制度是歷史發展出來的，所以不具備複製性。福山仍然堅持只有自由民主制度才具備普世性。

然而亨廷頓則認為全世界不僅僅是制度之間的競爭，而是文明的衝突，中國和西方的文化差異將在碰撞之中產生衝突，將影響世界的政治格局。亨廷頓在《文明衝突與重建世界秩序》中將世界文明主要分成七大或八大文明：即中華文明、日本文明、印度文明、伊斯蘭文明、西方文明、東正教文明、拉美文明，

還有可能存在的非洲文明，各文明之間正處於角力變化平衡之中。冷戰後的世界，衝突的基本根源不再是意識形態，而是文化方面的差異，亨廷頓認為「人類群體之間的關鍵差別是他們的價值、信仰、體制和社會結構，而不是他們的體形、頭髮和膚色」，其中宗教佔最重要的位置。世界格局將由「文明的衝突」的因素所決定，文明的衝突將顯著地影響著全球政治。

亨廷頓強調西方強勢的文明，只推動了非西方文明積極現代化和國家富裕，但不是西方民主和自由，在國家實力增強後，非西方文明就會日益鼓吹自己的價值、體制和文化，特別是亞洲、中國和伊斯蘭國家的現代化發展並沒有在價值觀上認同西方，反而更肯定了自身的文化，不僅不接受西方文化，更傾向反西化。西方文化正在逐步衰落，中國為首的亞洲的本土文化正在復興，伊斯蘭世界正在崛起，形成伊斯蘭主義與西方的矛盾日益加劇，引致伊斯蘭主義運動迅速興起和穆斯林國家政治上的伊斯蘭化，進一步排斥西方文化和民主。而中國的綜合國力正在快速增長，將以儒家思想的文化引領下，恢復其霸主的身份，一旦中國和伊斯蘭主義組成聯盟後，將成為西方文明的挑戰者，世界將變成西方與非西方的文化衝突和矛盾。

亨廷頓在書中提出十個預言，其中重要的預言包括：「中美衝突不可避免」、「伊斯蘭文明和中華文明之間的共性甚至不如各自與西方文明的共性，但政治上會走到一起對抗西方文明」、「西方文明的價值在於其是獨特的，而不是普世的」、「穆斯林的邊界是血腥的」。當《文明衝突與重建世界秩序》出版

後數年，美國發生了九一一事件，彷彿印證了亨廷頓對穆斯林與美國為首的西方文明的衝突。

不管是歷史的終結論，還是文明的衝突論，西方在政治層面上將中國視為對手、競爭者甚至是敵人，中國文化與西方文化將會面臨激烈的正面交鋒。虔誠的基督徒英國著名歷史學家阿諾德‧約瑟夫‧湯因比（Arnold Joseph Toynbee）認為，西方雖然在經濟和技術上影響和征服了全球，但卻留下了民族國家林立世界的超級政治難題。湯因比在一九三四年至一九六一年撰寫出版了十二卷本的歷史著作《歷史研究》，研究分析追蹤世界上十九個主要文明的發展和衰變的歷史紀錄，認為若要避免為追求狹隘的民族和國家利益而導致人類社會滅亡，未來的人類就應當走向一個「世界國家」。這就必須要有一個能適應大一統的文化價值體系作為整個社會的「穩定劑」。

湯因比一反西方至上的觀念，認為西方是個人主義，在宗教上不管是基督教還是其姊妹宗教伊斯蘭教，都是排他性的，在多數情況下是靠暴力強制推廣的，所以西方歷史上統一是少數，分裂是常態；相反中國從公元前二二一年，秦始皇統一中國以後，中國幾乎在之後的所有時期，都是以統一形態為主，也成為影響半個世界的中心，因為華夏文明是開放包容、主張至善的文化體系，所以只有華夏文明才能真正給予世界永久的和平。湯因比更作出總結認為：「將來統一世界的大概不是西歐國家，也不是西歐化的國家，而是中國。而且正因為中國有擔任這樣的未來政治任務的徵兆，所以今天中國在世界上才有

令人驚嘆的威望。」

📚 大同與小康 📚

　　全球一體化和科技的發展，打破了世界各地的地理阻隔，無可避免將會令不同文化之間產生矛盾和衝擊，中國和西方文化作為世界上其中兩個重要的文明和文化體系，在重大的思想、價值觀、傳統、精神差異下，兩種文化衝突的最終結果是融合、取代，還是各自保持獨立傳承？相信無人也無法能下定論，但從中國四千多年信史可見，中國在多次遭遇外來文化的衝擊下，雖然會將部分的外來文化的優良地方兼收並蓄，但中國文化始終保持其獨立性和延續性。民國初年，中國國力積弱，加上新文化運動影響下，中國傳統文化曾經被批評得體無完膚，更大有可能被西方文化所取代。憑著中國文化的韌性和統一性，最終仍然保存下來，更隨著中國國力的增強和富裕，中國文化重新自信的回到世界舞臺上。

　　儘管西方學者一直以文明衝突論和歷史終結論等相類似的觀點，來推斷中國與西方文化衝擊後的發展和預測孰勝孰負，但中國卻從來不積極和不主動與西方文化進行競爭或產生衝突，更不會往外宣揚和推崇中國文化，這個可能與中國文化內向性的特質有關，也可能與中國人的思考方法有關，瑞士作家麗麗·亞白格（Lily Abegg）在《東亞人的思維方法》一書上認為西方人採用直線思考方法，即從已知的知識作為起點，通過推理分析逐步以直線方法進入未知的領域。中國人的思考方法卻是圓

周性的，先把一個主題作為真理和起點，用各種形象化的比喻和各種具體的描述，圍繞著主題的中心思想來解釋和加強主題的可信性，所以中國人喜歡具體與類比的推理方法，講求實用性和實際性，不喜歡抽象的概念。西方人運用直線思考方法，將各種政治體制進行分析和比較，從而推斷出民主體制應該是最理想的政治制度，通過民主制度才能達至最理想的社會文化；而在中國人的圓周性思考方法下，從不比較、推斷各種不同的政治制度，因為制度僅僅是一個方法和過程，制度總有其優點和缺點，反而更高層次的講求理想社會所需要具備的特性。

　　同樣是理想國的探究，古希臘哲學家柏拉圖在《理想國》一書中對理想政體和現實政體進行分析，將政體分為君主政體、僭主政體、貴族政體、寡頭政體、民主政體和共和政體，然後逐一比較選出最理想的政體；相反，孔子在柏拉圖寫成《理想國》之前一百年的《禮記‧禮運》篇中講述了中國的理想社會體制為「大同」與「小康」，孔子認為「大同」的社會就是：「大道之行也，天下為公，選賢與能，講信修睦。故人不獨親其親，不獨子其子；使老有所終，壯有所用，幼有所長；鰥、寡、孤、獨、廢疾者皆有所養；男有分，女有歸。貨，惡其棄於地也，不必藏於己；力，惡其不出於身也，不必為己。是故謀閉而不興，盜竊亂賊而不作，故外戶而不閉。是謂大同。」孔子並沒有比較和論述各種社會體制的優劣之處，而直接指出「大同」就是最理想的社會，在論述「大同」社會的優越性中提出各種具體比喻，來形容和描繪出他心目中理想的社會，就是「天下

為公」的國體，國家屬於所有人民的，不屬於個人或一個群體。管治國家的責任通過「選賢與能」，選擇最合適同時具備賢德和能力的人去承擔。人與人之間的關係是講求信用，達至和睦，所以不只是敬愛自己的父母，也不只是疼愛自己的子女，老年人、孤兒、鰥、寡、孤、獨、廢疾者在社會上得到完善的照顧。家庭完整，男人有工作，女人有夫家；在生活無憂之下，私人財產根本沒有用，每個人均願意為社會出一份力，所有人根本不為私利，連盜賊也沒有，這個就是「大同」的境界，孔子慨嘆錯過了這種在上古時代和夏商周三代英明賢君當政時的理想社會，要達成「大同」的境界，重點不是政府，也不是制度，而是人民皆有高尚的道德情操。

　　孔子認為雖然不能實現「大同」的社會，但能達到「小康」生活，也是僅次於「大同」的理想社會模式，也是現實的社會制度；孔子說：「今大道既隱，天下為家。各親其親，各子其子；貨力為己；大人世及以為禮，城郭溝池以為固；禮義以為紀，以正君臣，以篤父子，以睦兄弟，以和夫婦；以設制度，以立田裡；以賢勇知，以功為己。故謀用是作，而兵由此起。禹、湯、文、武、成王、周公，由此其選也。此六君子者，未有不謹於禮者也。以著其義，以考其信，著有過，刑仁講讓，示民有常。如有不由此者，在勢者去，眾以為殃。是謂『小康』。」孔子解釋如今無法實現「大同」的原因，是因為「天下為家」，天下變成私人的，所以出現各種利己的行為，包括僅愛護自己的親人和子女，各自擁有自己的財物，以父子相傳作為王位的

繼承制度，建立城池作為防守設施。儘管現實如此，要達至「小康」的社會生活，需要以禮義作為準則，規範君臣、父子、兄弟、夫婦之間的關係，達至和睦；用禮義來建立各種制度，劃分田產，尊崇有勇有智的人，為自己建功立業，但因為制度的設立，陰謀詭計也由此而起，戰亂也由此興起。古時六位傑出人物，沒有一個不奉行禮制；將禮制的內涵彰顯，用禮來考察人的信用，指明過錯，以仁心施行刑罰，提倡互相謙讓，顯示禮義的規範。如有違反禮制行為，那怕有權勢者也要罷免，民眾也視之為禍害，達到這個境界就是「小康」的社會制度。

　　中國人所追求的理想國家不是靠制度來達成，因為制度是有缺點和瑕疵的，就如「小康」模式需要禮制來規範社會，但仍然會出現個人追求私利產生陰謀詭計和戰亂，民主制度下好像比較公平，採用少數服從多數的原則，挑選獲得較多支持的人為國家的統治者，由多數人的意願決定社會的規範和人民的行為準則，但問題是這不代表少數人心甘情願去接受多數人的決定，因此在民主制度下容易產生民粹主義，將社會分化。唯有「大同」社會，天下為公，以整體民族社會的利益為依歸，摒棄個人的利益，才能達到中國人追求的終極理想，《呂氏春秋‧大樂》所描述的「天下太平」，即處處平安無事，整個社會祥和安寧，國泰民安，所以中國人著重教化人民，不著重管治和治理人民，這個就是民本主義的真諦，也許中國不僅是因為人口眾多、地理廣闊的客觀原因，不採用西方的民主制度，更重要的是民主制度根本不能滿足中國人對理想國家的崇高追求！

第八章

總結

每個民族，每個國家，基於歷史和地理環境等各種原因，發展出其獨特而不同的文化

第八章
總結

　　每個民族，每個國家，基於歷史和地理環境等各種原因，發展出其獨特而不同的文化，中國文化以人的本心作為思想的根源，以人倫關係，表現文化德道的價值，講究天人合一，從而發展出獨特的社會關係和民本主義的政治體制，過去雖然曾經有學者大力鼓吹提倡向西方學習，試圖將西方文化取代中國文化，但中國文化不屈不撓的精神和深厚的內涵，縱然面對激烈的衝擊，在風風雨雨之中，始終屹立不倒，繼續按照自己的文化特質發展傳承下去，其中一個主要的原因是中國人所追求的「道」，不是物質上可以隨著時間而枯朽的東西，而是一種以人民福祉為本心的非物質精神文明，這個「道」就是人民之間的共同價值觀。中國人用了超過四千年的時間將中國文化中的「道」反覆揣摩、探索和實踐，在過程中難免經歷跌跌碰碰，存在沙沙石石，但經過多年的淘洗，這個「道」不僅沒有被淘汰，湮滅在歷史的長河之中，反而去蕪存菁，烙印在每個中國人的心中，讓中國文化得以繼續傳承。

　　雖然中國文化不是世界上歷史最悠久的文化，卻是世界上古文明中流傳最久遠，而且仍然在延續的文化，主要因為中國一直處於統一的狀態，政治國家統一、文字統一、文化也是統一，所以中國文化得以一直傳承，不僅作為中國人，需要了解

中國歷史、民族性和文化，實際上中國文化埋藏著許多智慧和內涵，值得發掘和認識，借古鑒今，深入探討研究中國文化將有助應對今天複雜而多變的世界。唐君毅教授曾經說過：「即中國的歷史文化，雖不是十全十美，但若是毫無價值的話，中國民族何能存在五千年之久，而成一中國大國呢？如果中國之歷史人物，除了暴君汙吏等之外，其古往今來之聖賢豪傑，如孔子、岳飛等，皆無值得尊敬之處，何以數千年之中國皆加以尊敬呢？」中國文化的價值表現在其精神價值，即道德理性的充分展開，其精髓是「充量地依表現於人的仁心，以涵蓋自然與人生，並普遍化此仁心，以觀自然與人生之一切，兼而成人文，此人心即天心。」

因此中國人應該對中國文化擁有自信，不可妄自菲薄，當然也不能有自大的感覺，必須要用實事求是的客觀精神去認識和學習中國文化，自然能懂得其中的奧妙之處。十七世紀托馬斯・富勒牧師（Thomas Fuller）說過：「眼見為實，但真理只可意會」，眼睛看到的以為是事實，但實際上卻可能只是表徵，只單憑對事或對人的表徵就妄下定論，有時也難免出現錯誤！《呂氏春秋》記載著一個小故事，孔子率領眾弟子周遊列國時，曾經被困在陳國境內的荒野裡，孔子餓得昏昏沉沉地睡在車上，弟子顏回從別處乞求了一點米糧，馬上生火做飯，在飯快熟時候，剛巧孔子醒來，看見顏回用手抓出一把米飯放入口中，不久飯熟了，顏回先端來了一碗米飯給孔子。孔子假裝沒看見顏回偷食之事，對他說：「剛才在夢中見到我的父親，如果飯是

乾淨的，想先用來祭奠他。」顏回聞言忙說：「不行，這飯不乾淨。剛才燒飯時，有些灰塵跌入鍋中，掉棄沾上灰塵的米飯又太可惜了，我便抓出來吃掉。」孔子聞言後深感錯怪了顏回而內疚不已，所以感歎的對弟子說：「所信者目也，而目猶不可信。所恃者心也，而心猶不足恃。弟子記之，知人固不易矣。」即使是自己親眼目睹的事，也不足以完全相信；自己用心來感受，也還未必能完全依賴，必須謹記要了解人本來就不容易。因此，人會受各種因素影響，犯上直覺思維和認知上的偏差毛病，容易對中國文化產生偏見和誤解，所以需要用立體思維方法通過時間、地域和客觀的科學角度作判斷，才能認識和了解真正的中國文化。

相信許多中國人也覺得自己或多或少對中國文化有一定的了解，不管生活在中國，還是生活在世界各地，只要是中國人，自然會被中國文化所圍繞著，每天用筷子進食，口中不經不覺地用上成語、詩詞句語或聖賢之言，每逢節日離不開時節的食品如月餅、粽子、年糕等，但實際上真的對中國文化了解嗎？如果要求將中國文化鉅細無遺，客觀的用筆墨書寫下來，有人可能寫了一本書或者一套書仍然覺得意猶未盡；也有人連一句話也寫不出來，不知該寫什麼，不知該從何寫起，這正正是中國的文化的精妙之處！就如中國畫與西洋畫的區別，中國畫講求的是「以形寫神」，追求一種「妙在像與不像之間」的感覺，所以中國畫不會像西洋畫採用焦點透視方法，不在乎光影色彩的變化，著重神韻而不著重形似；西洋畫是用眼去畫，務求將

畫的內容如實重現出來，所以除了主題之外，也很著重背景，凡物必有背景，整張畫作全部填塗，不留一點空白；相反中國人是用心去畫，用眼去觀看後再用心去感受，將領悟到的情意物景，在傳神之中抒發主觀的感情，所以中國畫著重的是「留白」，一方面刪除瑣碎而不重要的背景從而突出主題；另一方面通過「留白」將無限的空間和想像留給觀賞者。中國文化就如一幅中國畫，可以心領神會其中的神韻，卻不是片言隻語能準確而詳細的述說。

著名武俠小說家金庸在《倚天屠龍記》小說中，寫了一段張三豐在武當山當眾人面前教授張無忌太極劍法：「只聽張三豐問道：『孩兒，你看清楚了沒有？』張無忌道：『看清楚了』。張三豐道：『都記得了沒有？』張無忌道：『已忘記了一小半。』……張無忌在殿上緩緩踱了一個圈子，沉思半晌，又緩緩踱了半個圈子，抬起頭來，滿臉喜色，叫道：『這我可全忘了，忘得乾乾淨淨的了。』張三豐道：『不壞，不壞！忘得真快。』」所以要研究探討中國歷史和文化，不能光依靠書上的資料，或者前人的論述，必須自己去揣摩，從心出發，細味品嘗，才能領略中國歷史文化的精髓。

參考書目

錢穆（1979）。從中國歷史來看中國民族性及中國文化。香港：中文大學出版社。

錢穆（1952）。中國歷代政治得失，香港：自刊本。

錢穆（1975）。中國歷史精神。香港：自刊本。

陳耀南（1992）。新中國文化一引論與篇章導讀。香港：生活・讀書・新知三聯書店。

陳耀南（1993）。中國文化對談錄。香港：出版社：三聯書店(香港)有限公司。

項退結（1966）。中國民族性研究。臺北：臺灣商務印書館股份有限公司。

丹尼爾・康納曼（Daniel Kahneman）（2012）。快思慢想。（洪蘭譯）臺北：天下文化出版社。（原著出版年：2011）。 漢斯・羅斯林（Hans Rosling）、奧拉・羅斯林（Ola Rosling）、 安娜・羅朗德，（Anna Rosling Rönnlund）（2018）。真確：扭轉十大直覺偏誤，發現事情比你想的美好。（林力敏譯）臺北：先覺出版股份有限公司。（原著出版年：2018）。

阿爾伯特・甘霖（Albert Greene）（2005）。基督教與西方文化。（趙中輝譯）北京：北京大學出版社。（原著出版年：2005）。

亞伯拉罕・哈樂德・馬斯洛（Abraham Harold Maslow）（2007）。人類動機的理論（許金聲譯）北京：中國人民大學

出版社。（原著出版年：1943）。

科林‧麥克伊韋迪（Colin Mcevedy）、理查‧鐘斯（Richard Jones）（1992）。世界人口歷史圖集。（陳海宏、劉文濤譯）北京：東方出版社。（原著出版年：1985）。

法蘭西斯‧福山（Francis Yoshihiro Fukuyama）（1993）。歷史之終結與最後之人。（李永熾、區立遠譯）臺北：時報文化出版企業股份有限公司。（原著出版年：1992）。

薩謬爾‧亨廷頓（Samuel P. Huntington）（1997）。文明衝突與世界秩序的重建。（黃裕美譯）聯經出版公司。（原著出版年：1996）。

祝勇（2017）。遠路去中國：西方人與中國皇宮的歷史糾纏。北京：人民文學出版社。

法蘭西斯‧福山（Francis Yoshihiro Fukuyama）（2014）。政治秩序的起源(上卷)：從史前到法國大革命。（黃中憲，林錦慧譯）臺北：時報文化出版企業股份有限公司。（原著出版年：2011）。

法蘭西斯‧福山（Francis Yoshihiro Fukuyama）（2020）。政治秩序的起源（下卷）：從工業革命到民主全球化的政治秩序與政治衰敗（林麗雪譯）臺北:時報文化出版企業股份有限公司。（原著出版年：2014）。

亞歷西斯‧德‧托克維爾（Alexis de Tocqueville）（1992）。舊制度與大革命（馮棠譯）北京：商務印書館。（原著出版年：1856）。

孟德斯鳩（Baron de Montesquieu）（1998）。論法的精神（張雁深譯）。臺北：商務印書館 (台灣) 股份有限公司。（原著出版年：1748）。

阿諾德 · 約瑟夫 · 湯因比博士（Arnold Joseph Toynbee）（2005）。歷史研究（劉北成譯）。上海：上海人民出版社。（原著出版年：1934-1961）。

黃俊傑 （2000）。東亞儒學史的新視野。臺北：國立臺灣大學出版中心。

金庸（1995）。倚天屠龍記。香港：明河社出版有限公司。

愛德華 · 甄克思 (Edward Jenks)（2009）。社會通詮（嚴復譯）。臺北：臺灣商務印書館。（原著出版年：1900）。（原譯本初版年：1903）。

潘光旦、潘乃穆、潘乃和（2000）潘光旦文集（第 10 卷）。北京：北京大學出版社。

余英時（2003）。士與中國文化。上海：上海人民出版社。

金耀基（1990）。從傳統到現代。臺北：時報文化出版企業股份有限公司。

芮沃壽（ArthurF.Wright）（2009）。中國歷史中的佛教（常蕾譯）北京：北京大學出版社。（原著出版年：1959）。

唐君毅 (2005)。中國文化之精神價值。廣西：廣西師範大學出版社。

餘世存（2016）。時間之書：餘世存說二十四節氣。北京：中國友誼出版公司。

趙善軒、劉志輝（2010）。中西大不同。香港：匯智出版。

王立新（2005）。西方文化簡史。河南：河南人民出版社出版。

馮夢龍、淩濛初（2006）。三言二拍。北京：北京出版社。（原著出版年：1672）。

南懷瑾（1976）。論語別裁（上、下）。臺北：老古文化事業股份有限公司。

梁漱溟（1999）。東西文化及其哲學。北京：商務印書館。（原著初版年：1922）。

張岱年、方克立主編（2014）中國文化概論（修訂版）。北京：北京師範大學出版社出版。

盧國屏（2008）。訓詁演繹 - 漢語解釋與文化詮釋學。臺北：五南圖書出版股份有限公司。

高力克（2011）。孫中山的「大國之道」。二十一世紀，127，34-43。

薛紅岩（2003）。《從價值系統看中國文化的現代意義》一文的幾個問題及補充。二十一世紀網絡版，20。

龔鵬程（2001）。孟德斯鳩的中國觀。國際論壇，2001・07，1–51。

戴景賢（2014）。論現代中國史研究之雙重意義。政大中文學報，21，245-278。

翟志成（2014）。唐君毅對民主政治的想像與批評。中央研究院近代史研究所集刊，86，135-179。

毛漢光（2016）。中國中古皇權之極限──以唐代詔書封駁為中心。止善學報，21，3-30。

作者簡介

鄔鎮華博士

　　在香港理工大學取得工商管理博士學位,曾在多家國際金融機構和上市公司工作,有豐富金融和投資管理經驗,也曾在多家本地大學任職客席講師;少年時已經愛好中國歷史、文化和國學,喜歡到中國遍尋明山大川,一邊遊歷欣賞神州大地,一邊領略讚歎錦繡中華,過去三十多年,或公或私曾經到訪超過一百個中國城市或地方,閒來喜愛閱讀有關中國歷史和文化的書籍,特別鍾情於研究中國歷史和文化上一些具爭議性或被人誤解的課題和有趣的佚事。

作　　　　者	❙	鄔鎮華
書　　　　名	❙	中國歷史文化雜談
出　　　　版	❙	超媒體出版有限公司
地　　　　址	❙	荃灣柴灣角街 34-36 號萬達來工業中心 21 樓 02 室
出版計劃查詢	❙	（852）3596 4296
電　　　　郵	❙	info@easy-publish.org
網　　　　址	❙	http://www.easy-publish.org
香 港 總 經 銷	❙	聯合新零售（香港）有限公司
出 版 日 期	❙	2022 年 5 月
圖 書 分 類	❙	中國歷史文化
國 際 書 號	❙	978-988-8778-62-1
定　　　　價	❙	HK$88

Printed and Published in Hong Kong